AF536335

Ben Klarstein

Ab sofort Gewohnheiten ändern

Wie Sie enorme Selbstdisziplin entwickeln, Ihre guten Vorsätze nie wieder aufschieben...

...und zu einem Leben voller Motivation und Lebensfreude finden (inkl. Workbook)

INHALT

Vorwort

Sind Sie ein Gewohnheitstier? Haben Sie womöglich sogar einen richtig großen inneren Schweinehund? Gewohnheiten sind etwas ganz Normales, sie prägen unseren Alltag. Manche sind sinnvoll, viele sind lästig und einige sind sehr schädlich.

Es können kleine, nervige Dinge sein, wie zum Beispiel, dass Sie dreimal in die Wohnung zurückgehen, um zu sehen, ob Sie wirklich das Licht ausgeschaltet haben, oder dass Sie ewig brauchen, um sich zu entscheiden, was Sie anziehen wollen. Vielleicht haben Sie aber auch die Angewohnheit, übermäßig viele Süßigkeiten zu essen, und haben dadurch Gewichtsprobleme, oder Sie kommen nicht ohne Zigaretten aus. Möglicherweise neigen Sie auch dazu, sich zu überarbeiten, schaffen es nicht, morgens rechtzeitig aufzustehen, oder schieben Dinge immer vor sich her. Es kann jedoch auch sein, dass Sie aus Gewohnheit andere Menschen respektlos behandeln, verschwenderisch mit Nahrungsmitteln und Ressourcen umgehen oder jeden Weg mit dem Auto fahren. Vielleicht vermeiden Sie aber auch bestimmte Situationen, weil Sie Angst davor haben, oder Sie verfolgen Ihre Lebensziele nicht, weil Sie an sich zweifeln oder zu sehr in Ihrem gewöhnlichen Alltag feststecken.

Das sind nur wenige der unzähligen Beispiele, wie Gewohnheiten sich äußern können. Ein weit größeres Spektrum mit detaillierten Beschreibungen anhand von unterhaltsamen Geschichten erwartet Sie in diesem Buch. Darüber hinaus erhalten Sie umfassende Erklärungen dazu, wie Gewohnheiten entstehen und was Sie tun können, um sie loszuwerden. Sie erfahren außerdem, warum es so schwierig ist, den inneren Schweinehund zu überwinden, und welche Rolle Motivation dabei spielt. Eine ausführliche Schritt-für-Schritt-Anleitung erklärt Ihnen darüber hinaus, wie Sie Ihre negativen Gewohnheiten erkennen und endlich loswerden. Im Bonusteil erwartet Sie eine Reihe von Anregungen, mit denen Sie sich flexibel halten und dem Alltagstrott vorbeugen können.

Was ist eigentlich eine Gewohnheit?

DER GEWÖHNLICHE ALLTAG

Wenn man das Wort „Gewohnheit" hört, weiß eigentlich jeder sofort, wovon die Rede ist. Eine Gewohnheit ist etwas, das man immer auf die gleiche Art tut. Die meisten verbinden mit dem Begriff automatisch etwas Negatives. Doch tatsächlich besteht ein Großteil des Lebens aus Gewohnheiten. Wir alle gehen schlafen, wenn wir müde sind, essen, wenn wir Hunger haben, und trinken, wenn wir durstig sind. Wir putzen uns die Zähne, duschen, ziehen uns etwas an, gehen zur Arbeit und zum Einkaufen. Wir hören Musik, kommunizieren mit anderen Menschen und erledigen viele alltägliche Dinge.

Während wir all das tun, was wir zu tun gewohnt sind, führen wir bestimmte Bewegungen aus und benutzen bestimmte Gegenstände, an die wir ebenfalls gewöhnt sind. Wir sind es aber auch gewohnt, gewisse Dinge nicht zu tun, wie zum Beispiel, auf der Autobahn spazieren zu gehen, mit der bloßen Hand ein Backblech aus dem heißen Ofen zu ziehen oder dem Chef ins Gesicht zu sagen, was wir eigentlich von ihm halten. Gewohnheiten können also durchaus etwas Gutes sein.

Wie sich der einzelne Mensch genau verhält, ist wieder ganz unterschiedlich, und doch ist jeder voller Gewohnheiten. Manche Menschen essen wenig, andere viel, einige essen um 19 Uhr Abendbrot, andere um 20 Uhr oder erst um 21 Uhr. Manche trinken am liebsten Kaffee, andere Tee, wieder andere Cola oder Wasser. Einige duschen morgens, einige abends, manche täglich und andere nur alle paar Tage. Manche putzen sich vor dem Frühstück die Zähne und andere hinterher. Einige reden viel, andere wenig, manche schreiben lieber. Der eine hört Rockmusik, der nächste Hip-Hop, der übernächste Klassik. Einer bremst vorbildlich bei Gelb, ein anderer sieht das Umspringen von Gelb auf Rot als Zeichen, kräftig aufs Gaspedal zu drücken. Manche Menschen machen viel Sport, andere sitzen lieber vor dem Fernseher oder dem Computer. Einige ernähren sich gesund, andere von Fast Food. Der eine sucht nach einem Streit die Versöhnung, der andere beharrt darauf, Recht zu haben, und wieder ein anderer tut so, als wäre nichts gewesen. Manche

Menschen halten anderen die Tür auf, andere lassen sie ihnen ins Gesicht fallen. Einige Menschen rauchen, einige trinken viel Alkohol. Manche Menschen haben fast immer gute Laune, andere sind oft niedergeschlagen oder werden schnell wütend. Einige lieben auch das Risiko und ziehen möglicherweise tatsächlich mit der bloßen Hand Backbleche aus heißen Öfen oder gehen auf Autobahnen spazieren.

Es gibt also zwar allgemeine Gewohnheiten, Dinge, die mehr oder weniger alle tun oder nicht tun, aber in den meisten Fällen hat jeder seine eigene Art und somit seine eigenen Gewohnheiten. Gewohnheiten, die alle haben, wenn auch teils mit individuellen Abweichungen, werden auch als „die Norm" bezeichnet. Wer sich anders verhält, ist (vermeintlich) nicht „normal" und wird meist schief angeguckt, kritisiert oder ausgegrenzt. „Normal" ist zum Beispiel die Gewohnheit, sich häufig neue Sachen zu kaufen und sich mit Statussymbolen zu bestücken.

Wer das nicht tut, wird oft gemobbt, insbesondere unter Jugendlichen und jungen Erwachsenen. Ob dadurch die Umwelt und der eigene Geldbeutel geschädigt werden, ist der „normalen" Masse egal. Um anerkannt zu werden, laufen viele einfach mit und gewöhnen sich dieses Verhalten schon in sehr jungen Jahren an. Allgemeine Gewohnheiten müssen also nicht immer gut sein. Sie können es aber, denn auch den Müll zu trennen, sich an Verkehrsregeln zu halten oder anderen Menschen zu helfen, sind allgemeine Gewohnheiten. Allerdings sind manche Menschen es gewohnt, sich an solche nützlichen Normen nicht zu halten. Das zeigt wieder: Gewohnheiten sind etwas Persönliches – ob man sich nun entscheidet, mit der Norm zu gehen, oder sich ganz anders zu verhalten.

GEWOHNHEIT VS. CHARAKTER – EINE SPRACHLICHE FALLE

Vielfach werden Gewohnheiten auch als Charaktereigenschaften gesehen, zum Beispiel:

- Er ist modebewusst.
- Er ist ein unpünktlicher Mensch.
- Sie ist sportlich.
- Er ist aufbrausend.
- Sie ist ein eher schweigsamer Typ.

- Er ist kreativ.
- Sie ist rechthaberisch.
- Sie hat ein hohes Verantwortungsbewusstsein.
- Er ist ein hilfsbereiter Mensch.
- Sie kann nichts aus der Ruhe bringen.
- Er war schon immer fußballbegeistert.
- Er ist ziemlich pessimistisch.
- Sie ist ein unvernünftiger Mensch.
- Er kann sich nicht an Regeln halten.
- Sie ist kontaktfreudig.
- Er hat ein gutes Organisationstalent.
- Sie ist ängstlich.
- Er ist Kettenraucher.

Wenn man der Ansicht folgt, der Charakter eines Menschen sei die Summe all seiner inneren und äußeren Eigenschaften, bestehend aus genetischen Aspekten, biologischen Gegebenheiten sowie aus von der Umwelt und durch eigene Erfahrungen erlernten Faktoren, würde es sogar stimmen, dass das gewohnheitsmäßige Verhalten charakterlich bedingt ist. Folgt man einer anderen, eher philosophischen Ansicht, nach der der Charakter die individuelle, innere Persönlichkeit ist, das eigene Selbst, das einem von der Seele mitgegeben wurde, würden weder erlernte noch biologische bzw. genetische Faktoren eine Rolle spielen.

Um diesen inneren Charakter zu kennen, müsste man sich allerdings vollkommen frei und ohne Beeinflussung entwickelt haben. Wir sind jedoch alle, selbst bei einer freiheitlichen Erziehung, diversen Einflüssen ausgesetzt und das Gehirn neigt dazu, aus äußeren Faktoren „eigene" Denk- und Verhaltensmuster zu bilden. Neben Personen des Umfelds und der Gesellschaft kommen die Beeinflussungen heutzutage auch verstärkt aus den Medien. Es gibt also eine Masse an Aspekten, die uns von früher Kindheit an prägen, und im Erwachsenenalter lassen wir uns trotz hoher geistiger Entwicklung immer noch weiter beeinflussen. Sich nicht beeinflussen zu lassen und ganz man selbst zu sein, ist zwar theoretisch möglich, aber praktisch erfordert es einen in jeder Sekunde bewussten, hinterfragenden Umgang mit allem, was man erlebt, wahrnimmt, denkt und fühlt. Das ist jedoch ein anderes Thema, das hier nur am Rande angeschnitten werden soll.

Ob es nun der echte Charakter ist oder nicht, ist bei positiven Gewohnheiten nicht einmal von Bedeutung. Hierbei handelt es sich um Verhaltensweisen, mit denen man sich selbst und anderen etwas Gutes tut, bzw. solche, mit denen man jemandem etwas Gutes tut und gleichzeitig niemandem schadet. Zum Beispiel ist es eine gute Gewohnheit, Freunden zuzuhören, wenn diese etwas auf dem Herzen haben, mit dem Hund regelmäßig Gassi zu gehen oder beim Zähneputzen nicht das Wasser laufen zu lassen. Positive Gewohnheiten sollte man beibehalten, egal, woher sie kommen. Bei negativen Gewohnheiten, mit denen man sich selbst und/oder anderen schadet, ist die Herkunft ebenfalls gleichgültig, denn diese sollte man so oder so ändern – und das kann man auch! Alles, was man bewusst steuern kann, das kann man auch ändern, und Ihre Gewohnheiten können Sie definitiv steuern. Auch wenn es Ihnen oft so erscheinen mag, dass Sie gar nicht wirklich unter Kontrolle haben, was Sie da gerade tun, handelt es sich um einen Vorgang, den Sie sich selbst antrainiert haben, wenn auch wahrscheinlich nicht absichtlich.

Das Problem ist also keine Frage der Persönlichkeit, sondern der sprachlichen „Programmierung“: Bezeichnet man gewohnheitsmäßiges Verhalten als etwas Charakterliches, erscheint es so, als sei die betreffende Gewohnheit eine Eigenschaft, die untrennbar mit der Person verknüpft ist. Dann *könnte* man gar nicht anders, als sich so zu verhalten. Man *wäre* das einfach und müsste es akzeptieren. So wird einem durch eine falsche Definition oder Ausdrucksweise der Mut genommen, an sich zu arbeiten. Dabei ist es nur etwas, das man im Laufe seines Lebens gelernt hat, das man sich eben *angewöhnt* hat. Richtig wäre es, zum Beispiel zu sagen „Er raucht Kette“, „Sie redet nicht viel“ oder „Er kommt häufig zu spät“. Dieselbe Situation wird beschrieben, aber es wird deutlich, dass es sich um einen Zustand bzw. ein Verhalten handelt und die betreffende Person aktiv so handelt, also auch anders handeln könnte.

Selbst wenn das Verhalten bzw. die Eigenschaft in der Familie häufig vorkommt und man insofern denken könnte, es sei genetisch bedingt, ist es trotzdem nur eine Angewohnheit. Wie Forscher feststellten, entscheidet der eigene Lebensstil, welche Gene aktiv sind. Man kann also das Verhalten der anderen übernehmen und dann scheinbar „wie alle in der Familie“ sein, oder man entwickelt andere Gewohnheiten, die sich entweder unbewusst durch abweichende Vorbilder und Erfahrungen bilden oder die man sich ab einem gewissen Entwicklungsstand auch bewusst aussuchen kann. Als Erwachsener ist man auf jeden Fall in der Lage dazu, selbst zu beschließen, wie man sein und was man tun möchte. Gewohnheitsmäßiges Verhalten ist keineswegs festgeschrieben, sondern man kann sich genauso dazu entscheiden, es wieder zu verlernen, egal, woher es gekommen ist. Es ist alles eine Frage des eigenen Bewusstseins und des Willens, an sich zu arbeiten.

WIE SICH GEWOHNHEITEN ENTWICKELN

Die Entstehung von Gewohnheiten ist oft allerdings keine *Entscheidung* im eigentlichen Sinne; die Verhaltensmuster schleichen sich unbewusst ein. Das beginnt schon als Baby, indem man den Erwachsenen und älteren Kindern zuschaut und mit zunehmender Entwicklung auch immer mehr eigene Erfahrungen sammelt. Was andere tun, ahmt man nach, und wodurch man ein gutes Gefühl bekommt, das wiederholt man, während man die Dinge, bei denen man sich nicht gut fühlt, unterlässt. Fasst ein Kind zum Beispiel auf eine heiße Herdplatte, merkt sich das Gehirn: Hand auf Herdplatte ist nicht gut, also lasse ich das. Schimpfen die Eltern, wenn man den Fußboden anmalt, weiß man auch: Das ist nicht gut, also mache ich es nicht mehr.

Empfindet man jedoch zum Beispiel Freude, wenn man einen Hund streichelt, oder wird gelobt, wenn man sich allein richtig die Schuhe zugebunden hat, merkt sich das Gehirn: Das ist gut, das mache ich wieder. Viele Verhaltensweisen schleichen sich jedoch auch einfach ein, weil man nicht darüber nachdenkt, dass sie in irgendeiner Form hinderlich oder schädlich sein könnten, oder weil man besonders als Erwachsener oft so im Stress ist, dass man unachtsam wird. Aus einer einmaligen Nachlässigkeit kann schnell eine dauerhafte Gewohnheit werden.

Die Gewohnheit entsteht jedoch nicht sofort, sondern erst, wenn ein Verhalten mehrfach wiederholt wird – je öfter, desto stärker wird die Gewohnheit. Alles, was ein Mensch denkt, fühlt oder tut, basiert auf Prozessen im Gehirn, und durch Wiederholung werden diese Vorgänge leistungsfähiger. Die Hirnzellen, in denen die betreffenden Informationen gespeichert sind, vernetzen sich immer besser, sodass der entsprechende Prozess leichter abgerufen werden kann. Ab einem gewissen Punkt ist die Struktur so gut vernetzt, dass der Vorgang ganz automatisch geschieht, ohne dass man bewusst darüber nachdenken muss. Die meisten alltäglichen Handlungen, aber auch das persönliche – vermeintlich charakterbedingte – Verhalten und die Arbeitsabläufe eines Jobs, den man schon eine gewisse Zeit ausübt, finden automatisch statt. Das erleichtert vieles, denn wenn man über notwendige Handlungsabfolgen nicht nachdenken muss, spart das Zeit, verhindert im Idealfall Fehler und gibt einem die Möglichkeit, während des Ausführens dieser Abläufe über andere Dinge nachzudenken.

So weit, so gut. Das Problem ist, wenn sich falsche Abläufe eingespeichert haben, weil einem zum Beispiel jemand etwas falsch beigebracht hat oder man sich durch Nachlässigkeit oder schlechte Vorbilder etwas angewöhnt hat, das vollkommen unnötig oder sogar schädlich ist. Diese Gewohnheiten spielen sich dann genauso automatisch ab, und selbst wenn man sich ihrer bewusst ist, fällt es sehr schwer, sie zu ändern. Die bestens vernetzten, extrem leistungsfähigen Hirnstrukturen sind nun einmal da und steuern das Handeln aus dem Unterbewusstsein. Das Gleiche gilt, wenn man sich etwas abgewöhnen möchte, das zwar vielleicht nicht falsch oder schädlich ist, aber das man einfach nicht mehr tun möchte. Oft merkt man erst, was man tut, wenn man schon dabei ist oder es schon getan hat. „Oh, ich wollte doch kein Fleisch mehr essen", fällt einem dann nach dem Verspeisen des Grillwürstchens ein, oder man sagt schuldbewusst um zwei Uhr nachts: „Eigentlich hatte ich mir doch vorgenommen, früher ins Bett zu gehen."

Wie tief gewohnheitsmäßige Abläufe eingespeichert sind, merken Sie erst, wenn Sie etwas anders machen müssen oder möchten. Es kann sein, dass Sie einfach die übliche Strecke zur Arbeit fahren, obwohl Sie wissen, dass diese ab heute gesperrt ist, oder dass Sie nach dem Aufräumen Ihre Sachen nicht mehr wiederfinden, weil sie nicht am gewohnten Ort liegen. Versuchen Sie doch mal zum Spaß, Ihren Ablauf am Morgen zu ändern – Sie werden sehen, dass Sie automatisch wieder in die gleiche Reihenfolge verfallen wie üblich, bzw. dass Sie sich sehr stark konzentrieren müssen, um den neuen Ablauf zu befolgen. Wenn Sie genau auf Ihr Verhalten achten und sich bemühen, von jetzt an die Dinge immer auf die neue Art zu machen, werden Sie nach einiger Zeit ein neues gewohntes Verhalten haben, über das Sie dann nicht mehr nachdenken müssen. Auf diese Art können Sie auch nicht mehr gewolltes Verhalten durch neue, gute Gewohnheiten überschreiben.

Das geht aber leider nicht ganz so einfach, wie es sich anhört, und ist umso schwieriger, je länger Sie Ihre alten Gewohnheiten hatten und je stärker diese mit Gefühlen oder mit Ihrem Leben verknüpft sind. Es erfordert viel Disziplin und Motivation sowie bei schwierigeren Dingen auch einen guten Plan. Sich das Rauchen, eine andere Sucht, eine Essgewohnheit oder eine Eigenschaft wie zum Beispiel

Unpünktlichkeit, Egoismus oder aufbrausendes Verhalten abzugewöhnen, ist eine schwierige Aufgabe. Oft fühlen sich Menschen nicht in der Lage, ihre Gewohnheiten zu ändern, da diese übermächtig zu sein und sie zu kontrollieren scheinen. Wenn man es schon erfolglos versucht hat, erhöht das zusätzlich die Mutlosigkeit, da man sich vermeintlich bewiesen hat, dass man es nicht schaffen kann. Aber das kann man, und Sie können es auch.

WARUM SIE IHRE NEGATIVEN ANGEWOHNHEITEN ÄNDERN SOLLTEN

Es lohnt sich in jedem Fall, auch wenn es noch so schwierig ist, Ihre problematischen Gewohnheiten in Angriff zu nehmen, denn negative Gewohnheiten können das Leben in vielerlei Hinsicht beeinträchtigen.

Zum einen rauben Sie sich die Freiheit, wenn Sie etwas immer auf die gleiche Art tun und das Gefühl haben, daraus nicht ausbrechen zu können. Freiheit bedeutet, sich frei entscheiden zu können. Wenn man etwas immer gewohnheitsmäßig macht, entscheidet man sich nicht bewusst und frei dazu, sondern ist ferngesteuert durch eigene Denkmuster. Zum anderen sind viele Gewohnheiten wirklich schädlich, entweder für Sie selbst, für andere Menschen oder für die Umwelt (oder alles zusammen).

Zu nennen sind insbesondere zwanghaftes Verhalten, wie zum Beispiel Essstörungen, übermäßige Eifersucht oder Kontrollzwang sowie Süchte aller Art – erst recht solche, die körperliche Schäden hervorrufen, wie Alkohol-, Nikotin- oder Drogensucht. Aber auch, wenn Sie zum Beispiel chronisch unpünktlich oder unaufmerksam sind, schädigen Sie sich, denn Sie gefährden Ihren Job und geraten ständig in Hektik, machen sich unbeliebt und bringen sich vielleicht sogar in gefährliche Situationen.

Durch ungesunde Ernährung, Bewegungsmangel, eine falsche Sitzhaltung und Ähnliches können körperliche Leiden entstehen. Das Gleiche gilt aber auch, wenn Sie sich zu viel zumuten, zum Beispiel durch zu häufigen oder einen für Sie nicht geeigneten Sport. Psychisch können Sie sich ebenfalls schaden, da auch Angst, Minderwertigkeitsgefühle, zu viel oder die falsche Arbeit, Erdulden von Mobbing etc. zu gewohnheitsmäßigem Verhalten gehören.

Rücksichtslosigkeit, Egoismus, Aggressivität und Respektlosigkeit schaden wiederum anderen Menschen, während beispielsweise häufiges Autofahren, verantwortungsloser Umgang mit Wasser, Strom oder Heizung, Verzehr von Fleisch aus Massentierhaltung, unnötiges Wegwerfen und Neukaufen von Dingen etc. der Umwelt und somit uns allen Schaden zufügen.

Darüber hinaus können Gewohnheiten aber auch dazu führen, dass Sie sich selbst davon abhalten, Ihre Lebensziele zu erreichen, da Sie in Ihrem alten Trott festhängen und sich nicht dazu aufraffen können, Ihr Leben in die eigene Hand zu nehmen oder das umzusetzen, was Sie angefangen haben. Zum Beispiel versagen Sie in der Ausbildung, weil Sie lieber auf Partys gehen, anstatt zu lernen, oder Sie verlieren wegen Unzuverlässigkeit Ihren Traumjob. Vielleicht verpassen Sie auch die Liebe Ihres Lebens, weil Sie sich nicht trauen, sie anzusprechen, oder Sie bleiben mit einem Partner zusammen, der Sie schlecht behandelt, weil Sie Angst davor haben, allein dazustehen. Möglicherweise gewöhnen Sie es sich auch an, ständig an Kleinigkeiten herumzunörgeln, nehmen dadurch die vielen schönen Dinge des Lebens nicht wahr und verlieren unter Umständen Ihre Freunde, weil diese Ihre Miesepetrigkeit nicht mögen.

Aufgrund Ihres durch Ihre Gewohnheiten verursachten Zustands werden Sie dann innerlich unzufrieden und diese Unzufriedenheit wird wiederum zur Gewohnheit, die Sie umso mehr herunterzieht und es Ihnen weiter erschwert, Dinge zum Positiven zu verändern. So weit ist es hoffentlich noch nicht bei Ihnen(?). Aber selbst wenn, keine Sorge: Es ist nie zu spät, um etwas zu ändern. Nur wird es nicht leichter, wenn Sie länger warten. Fangen Sie also am besten jetzt gleich an.

Und täglich grüßt der innere Schweinehund – Wie Gewohnheiten den Alltag erschweren und Lebensziele blockieren

Vielleicht sind Sie immer noch nicht ganz davon überzeugt, dass es wichtig ist, sich schädliche Gewohnheiten abzugewöhnen. Doch auch, wenn Sie sich bereits entschlossen haben, lohnt sich ein tieferer Einblick in die Welt der Gewohnheiten und ihre mal mehr, mal weniger schädlichen, manchmal tragischen und oft auch etwas witzigen, aber immer hinderlichen Auswirkungen auf das Leben. Sie sind keineswegs allein mit Ihrem Problem, ein „Gewohnheitstier" zu sein und sich zu fragen, ob und wie es jemals möglich sein kann, den inneren Schweinehund zu überwinden. In diesem Kapitel habe ich Ihnen eine Reihe von beispielhaften Geschichten zusammengestellt, die von Menschen erzählen, denen es in gewisser Weise ähnlich geht wie Ihnen. Sie werden sicher einige Parallelen zu sich selbst entdecken, bei einigem auch den Kopf schütteln, schmunzeln oder mitleiden, aber vor allem erkennen: Negative Gewohnheiten sind definitiv etwas, das geändert werden sollte!

ZU HAUSE IST ES AM SCHÖNSTEN

Henrik arbeitet seit vielen Jahren in einem Bürojob und geht darin regelrecht auf. Der 39-Jährige macht seinen Beruf gut und ist bei seinen Kollegen wie auch bei seinem Chef beliebt. Mit einigen Kollegen ist er sogar gut befreundet. Vor Kurzem hat eine neue Kollegin in der Firma angefangen, die sehr sympathisch ist. Eigentlich ist in Henriks Leben alles gut – jedenfalls, wenn man die berufliche Seite sieht. Privat verhalten sich die Dinge ein wenig anders. Vor etwas mehr als fünf Jahren ist Henriks langjährige Beziehung in die Brüche gegangen. Seine Freundin hat ihn verlassen, weil er ihr nicht aktiv genug war. Er hat das nicht verstanden, da er damals seiner Meinung nach noch sehr aktiv war. Sie haben zusammen viele Unternehmungen gemacht und es war nie langweilig, fand zumindest Henrik. Seiner Freundin war es jedoch nicht genug. Nun gut, er hat nach Feierabend auch immer gern mal nur auf dem Sofa gesessen und nichts mehr getan, außer fernzusehen oder zu lesen. Aber man kann ja auch nicht immer auf Achse sein. Seine Freundin konnte und wollte es, und so passten sie nicht zusammen.

Seit sie weg ist, hat Henrik sich zunehmend hängen lassen. Nicht aus Liebeskummer, obwohl sie ihm in der Anfangszeit natürlich schon fehlte, sondern einfach, weil es sich so eingeschlichen hat. Ohne Freundin fehlt ihm der Anreiz, sich aufzuraffen. Von seiner ehemals noch einigermaßen vorhandenen Aktivität ist inzwischen gar nichts mehr übrig. Nach Feierabend und an den Wochenenden ist er fast nur noch zu Hause, am liebsten auf dem Sofa vor dem Fernseher. Er verbringt seine Freizeit allein, nur in Gesellschaft des Fernsehprogramms. Sein einziger Außenkontakt ist der Pizzabote, der jeden Abend und am Wochenende auch mehrfach täglich kommt. Ein Haustier hat Henrik nicht und seine einzige Zimmerpflanze ist inzwischen verdorrt, da er ewig vergessen hat, sie zu gießen. Die Pflanze tut ihm leid, aber er hat sich damit abgefunden, es ist nun mal so. Er hat sie dann raus auf den Balkon gestellt, da er ihren traurigen Anblick nicht ertragen kann. Auch mit seinem Privatleben hat er sich abgefunden. Schade, denkt er zwar manchmal, wenn er sich zurückerinnert, dass er früher gelegentlich etwas mit Kollegen unternommen hat. Aber er kann sich einfach nicht mehr dazu durchringen. Es ist einfach zu bequem, zu Hause zu faulenzen.

Seine Kollegen machen sich allmählich Sorgen um ihn und versuchen immer wieder, ihn zu motivieren, in der Freizeit wieder aktiv zu werden. Manchmal verabreden sie sich mit ihm, er sagt auch zuerst zu, aber dann sagt er kurzfristig wieder ab und bleibt lieber auf dem Sofa. Sein Arzt hat ihm auch schon signalisiert, dass seine Gesundheit diesen Lebensstil auf die Dauer nicht gut findet. Aber Henrik ignoriert das beständig. Bei der Arbeit gibt er jedoch nach wie vor volle Leistung, dabei lebt er auf und erscheint jeden Morgen pünktlich und voller Motivation. Doch kaum ist Feierabend, sackt er wieder in sich zusammen. Er überlegt zwar manchmal, während er auf dem Nachhauseweg ist, dass er doch mal etwas unternehmen könnte, wenigstens spazieren gehen. Aber sobald er die Wohnungstür öffnet, verlässt ihn die Lust. Schuhe aus, Jogginghose an, ab aufs Sofa und dann der Griff zur Fernbedienung, eine große Pizza bestellen und das erste Bier öffnen. Oft schläft er auch vor dem Fernseher ein. Deshalb hat er sich schon ein Kopfkissen und eine Decke mit aufs Sofa genommen.

Dieses Verhalten macht sich auch an seiner Figur bemerkbar. Allmählich wird ihm seine Kleidung zu eng. Und irgendwie ist sein Bürosessel auch eingelaufen ... doch Henrik will nicht wahrhaben, dass er sich selbst schadet. Er redet sich ein, dass er sich pudelwohl fühlt in seinem Trott, und verteidigt dies auch gegenüber seinen Kollegen und seinem Arzt. Niemand schafft es, positiv auf ihn einzuwirken. Auch nicht seine nette neue Kollegin, die ihm eigentlich gut gefällt. In seiner Wohnung breitet sich allmählich auch das Chaos aus, es stapeln sich überall Pizzakartons und leere Flaschen. Ein Blick durch sein „Lager" sagt ihm: Eine neue Beziehung wäre viel zu viel Arbeit.

Er müsste all die Kartons und das Flaschenpfand wegbringen, und, was noch schlimmer ist, er müsste sein Leben ändern. Er könnte nicht mehr einfach auf dem Sofa sitzen, Fernsehen und dabei Pizza essen und Bier trinken. Zumindest ist es sehr unwahrscheinlich, dass eine Partnerin das mitmachen und gut finden würde. Die ganze Bequemlichkeit aufgeben, nur um eine Beziehung zu haben? Nein, das will er nicht. Lieber setzt er sich wieder aufs Sofa, schaltet den Fernseher ein und bestellt sich eine Pizza. Es ist ja so schön gemütlich und man muss nichts weiter dafür tun. Das Fernsehprogramm läuft zum Glück von allein, wenn man ein paar Knöpfchen drückt.

Immerhin legt sich Henrik bei sonnigem, warmem Wetter manchmal auf seinen Balkon, um dort ein Nickerchen zu machen. So auch heute, am ersten Frühsommertag. Zuvor hat es viel geregnet, aber jetzt ist es richtig schön draußen. Henrik ist gerade kurz vor dem Eindösen, doch da bemerkt er etwas Ungewöhnliches. Etwas Grünes auf seinem Balkon?

Er wundert sich, eigentlich hat er gar nichts Grünes auf seinem Balkon. Und dann traut er seinen Augen kaum – es ist seine verdorrte Zimmerpflanze, die auf einmal gar nicht mehr verdorrt ist. Sie ist aus der Wurzel neu ausgetrieben, hat große, grüne Blätter und bekommt sogar schon Blütenköpfe. Henrik spürt plötzlich ein lange verschüttetes Gefühl in seinem Körper – er ist glücklich. Seine tot geglaubte Pflanze ist zu neuem Leben erwacht. Auf einmal fühlt er sich voller Energie. Dann kommt ihm ein Gedanke: Ist das vielleicht ein Zeichen für ihn, sein Leben doch noch mal zu ändern, auch privat wieder aktiv zu werden und zu entdecken, dass es doch noch etwas anderes gibt, als fernzusehen und Pizza zu essen? Aber gleich kommen ihm wieder Zweifel. Er ist nun so lange schon in seinem Trott, wie sollte er das hinkriegen? Er würde ja gern aktiv sein, eine neue Beziehung anfangen, fitter werden und zu neuem Leben erwachen. Aber wie soll er die Kraft und Disziplin dafür aufbringen? Er schaut wieder auf seine Pflanze. Sie scheint ihm Mut zuzusprechen und zu sagen: „Ich habe das geschafft, dann kannst du es auch!"

ES LEBE DIE MODE

Amanda verdient durch ihre Arbeit bei einer Versicherung genug Geld, um sich ein ziemlich gutes Leben leisten zu können. Aber so gern, wie sie ihr Geld verdient, so gern gibt sie es auch wieder aus. Shoppen ist die absolute Leidenschaft der 37-Jährigen. Besonders haben es ihr Kleidung und Schuhe angetan. Sie kann der Mode einfach nicht widerstehen und hält immer Ausschau nach den neuesten Trends. Von Internetshopping hält sie allerdings überhaupt nichts. Nein, sie liebt es, alle Läden ihrer großen Stadt zu durchstobern. Es ist für sie ein besonderes Erlebnis, von Geschäft zu Geschäft zu gehen, sich alles ganz genau anzusehen und die Materialien zu fühlen. Jedes Kleidungsstück wird genau inspiziert, und die, die in die engere Auswahl kommen, werden in aller Ruhe anprobiert. Bei aller Liebe zum Shopping will Amanda nur Sachen kaufen, die ihr wirklich gefallen. Aber das sind viele ... und das jeden Samstag.

Jedes Mal nimmt sie sich vor, nur eine bestimmte Summe Geld auszugeben, aber bisher hat das noch nie geklappt. Sie gibt immer weit mehr aus, als sie es eigentlich wollte, und fährt nach Geschäftsschluss bepackt mit vielen großen Tüten nach Hause. Zwar macht sie keine Schulden durch ihren Kaufrausch, aber am Monatsende ist regelmäßig kein Geld mehr übrig. Eigentlich weiß sie, dass man auch ein bisschen etwas ansparen sollte, und für andere Unternehmungen reicht das Geld auch nicht mehr. Aber sie liebt nun einmal Shopping.

So geht es nun schon seit sehr vielen Jahren. Sie macht kaum etwas anderes als arbeiten, shoppen und Modemagazine lesen. Von festen Liebesbeziehungen hält sie nichts, dafür hätte sie auch gar keine Zeit. Wenn sie nach ihrem wöchentlichen Einkaufsmarathon nach Hause kommt, verbringt sie den Rest des Wochenendes damit, alle Sachen noch einmal anzuprobieren und damit vor ihrem Spiegel zu posieren. Einen weiteren Teil ihrer Zeit verbringt sie regelmäßig damit, einen Platz für ihre neuen Sachen zu suchen, denn obwohl sie schon mehrere Kleider- und

Schuhschränke hat, platzen diese mittlerweile aus allen Nähten. Allmählich muss sie also auch daran denken, sich weitere Aufbewahrungsmöbel zu kaufen, solange noch Raum dafür in ihrer Wohnung ist.

Eine Weile ginge das sicher noch gut, und Amanda gefällt ihre Art zu leben. Sie betrachtet immer wieder gern ihre Schätze, auch wenn sie langsam den Überblick verliert. Manchmal ist sie allerdings etwas verärgert, wenn sie eines ihrer Kleidungsstücke nicht mehr findet, weil die Fächer einfach zu voll sind. Und es nervt sie auch ein wenig, dass ihr die Sachen beim Öffnen der Schranktüren teils schon entgegenfallen. Das kostet Zeit und die Aufräumarbeit macht sie gereizt. Aber etwas von ihrer geliebten Kleidung verschenken will sie auch nicht. Viele Sachen trägt sie zwar länger schon nicht mehr, weil sie aus der Mode sind und sie auch gar nicht so viel anziehen kann, wie sie hat. Aber trennen will sie sich trotzdem nicht davon. Und auf ihr samstägliches Shopping-Ritual kann sie auch nicht verzichten. Es gehört einfach zu ihrem Leben dazu und sie liebt es mindestens so sehr wie ihre Arbeit. Es ist ihr auch wichtig, jede Woche wieder mit neuer Kleidung und neuen Schuhen in der Firma aufzutauchen und dafür neidische Blicke zu bekommen. Was würden die Kollegen sagen, wenn sie einmal nichts Neues hätte? Undenkbar.

Aber da ist ein Kollege in ihrem Alter, der sich anscheinend nichts aus Äußerlichkeiten und Statussymbolen macht. Er scheint ein eher bescheidenes Leben zu führen. Von dem Geld, das er dadurch spart, spendet er sogar gern mal etwas für gute Zwecke. Theoretisch wäre er Amandas Typ, aber er ist ihr einfach zu schlicht gekleidet und hat einen ganz anderen Lebensstil. Außerdem will sie ja auch gar keine Beziehung. Und sie gefällt ihm anscheinend auch nicht, seinen Blicken nach zu urteilen. Während die anderen Kollegen sie bewundern, wenn sie mal wieder mit der neuesten Mode ankommt, schaut aus seinen Augen das Gegenteil von Bewunderung. Aber er verkneift sich einen Kommentar, bleibt immer nett und höflich, auch wenn seine Meinung ihm ins Gesicht geschrieben steht. Na gut, denkt Amanda, soll er von mir halten, was er will. Sie will ja sowieso nichts von ihm, er würde nicht zu ihrem Leben passen.

Doch insgeheim fragt sie sich nach so vielen Jahren des übermäßigen Shoppens manchmal schon, ob das wirklich alles sein kann. In letzter Zeit erfüllt sie das Durchstöbern und Einkaufen von Kleidung nicht immer so sehr wie früher. Teilweise hat sie das Gefühl, es nur zu tun, weil sie nicht anders kann. Die Läden scheinen sie magisch in sich hineinzusaugen, ohne dass sie sich dagegen wehren könnte. Eigentlich würde sie an Wochenenden auch gern mal etwas anderes unternehmen, besonders bei schönem Wetter. Aber dann geht sie doch wieder shoppen, verbringt den ganzen Samstag in Geschäften und den ganzen Sonntag vor dem Spiegel und in Schränken. Sie ist irgendwie genervt von sich selbst, aber kann sich auch nicht motivieren, etwas zu ändern. Freunde hat sie leider keine, wie auch, wenn sie sich keine Zeit für soziale Kontakte nimmt. Zu ihrer Familie hat sie auch keinen guten Kontakt, man sieht sich nur an Weihnachten und zu den Geburtstagen der Eltern. So gibt es niemanden, der Amanda helfen könnte, aus ihrer Shopping-Sucht auszubrechen.

Eigentlich liebt sie diese Art der Freizeitbeschäftigung ja auch, denkt sie dann wieder. Warum nicht einfach so weitermachen? Aber andererseits, hat das Leben nicht mehr zu bieten? Amanda ist sich mit sich selbst nicht einig. Wenn sie so weitermacht, wird sie über kurz oder lang eine größere Wohnung brauchen, um die ganzen Sachen zu verstauen. Da diese wahrscheinlich teurer sein wird, bleibt dann weniger Geld zum Shoppen oder sie muss sich einen Job suchen, der noch besser bezahlt ist. Sie liebt aber ihren jetzigen Job, und ihre Wohnung liebt sie auch. Und komplett mit Schränken einbauen möchte sie sich auch nicht. Eigentlich ist die Entscheidung klar. Aber wie soll Amanda es schaffen, ihre jahrelange Gewohnheit abzulegen? Momentan ist das Shoppen ihre einzige private Erfüllung.

DER EWIGE GUTE VORSATZ

Mirko ist gerade 50 Jahre alt geworden. Zu diesem runden Geburtstag hat er sich vorgenommen, dass er danach endlich mit dem Rauchen aufhört. Sein Arzt rät ihm schon seit Längerem dazu. Und die Zigaretten sind ihm eigentlich auch schon lange viel zu teuer. Durch die Warnhinweise auf den Schachteln wird ihm ohnehin der Spaß am Rauchen verdorben. Jahrzehntelang hat Mirko geraucht, teilweise Kette, und das hat seine Spuren hinterlassen. Allmählich sorgt er sich selbst um seine Gesundheit. Außerdem darf man ja nirgendwo mehr innen rauchen, außer in der eigenen Wohnung. Einige seiner Freunde haben bereits erfolgreich das Rauchen aufgegeben, und anderen, die immer noch am Glimmstängel hängen, geht es nicht allzu gut. Also hat Mirko sich den guten Vorsatz gefasst, nun endlich aufzuhören.

Allerdings hat er das schon in früheren Jahren manchmal versucht, aber nie richtig geschafft. Auch alle Ratschläge, Nikotinpflaster und andere Mittel konnten ihm nicht helfen. Er hat die Bemühungen dann irgendwann aufgegeben, doch nun ist der feste Wille wieder da. Und wo ein Wille ist, soll doch auch ein Weg sein. Ein Freund hat gesagt, man müsse nur den eigenen Vorsatz beherzigen und dann könne man ganz einfach von heute auf morgen damit aufhören, sich selbst die Lunge und seinen Mitmenschen die Luft zu verqualmen. Dieser Freund hat das tatsächlich einfach so gemacht, von heute auf morgen, und es seit Jahren durchgehalten, ohne ein einziges Mal rückfällig zu werden. Mirko bewundert das. Aber ob er das selbst auch schafft? Für seine Gesundheit und die seiner Umgebung will er es durchziehen.

Drei Tage hält er es nun auch schon durch. Er ist stolz auf sich. Aber es ist schwer, sehr schwer. Das Verlangen wird nicht weniger. Er ist es gewohnt, zumindest zu einer Tasse Kaffee eine Zigarette zu rauchen. Und Mirko trinkt ziemlich viele Tassen Kaffee am Tag. Ohne Zigarette schmeckt ihm der Kaffee nicht. Dafür nimmt er es auch in Kauf, dass er mit seinem Kaffee bei der Arbeit extra nach draußen gehen muss. Etliche Jahre geht das nun schon so. Die letzten drei Tage sind eine große Qual für ihn. Jedes Mal, wenn er Kaffee trinkt, muss er an Zigaretten denken. Auch nach dem Essen hat Mirko gern eine Verdauungszigarette. So ist er es gewohnt. Wenn er weiß, dass er nach dem Essen nicht rauchen darf, kann er das Essen nicht genießen. Er hat sogar das Gefühl, dass ihm das Essen nicht bekommt, wenn er danach nicht raucht. Kaffee und Essen sind bei Mirko mit dem Rauchen gekoppelt, das macht ihm das Aufhören umso schwerer.

Auf Essen kann er nicht verzichten und auf Kaffee kann und will er auch nicht verzichten. Aber nichts schmeckt mehr, sein Bauch rumort und alles macht irgendwie keinen Spaß mehr. Am vierten Tag hält er es nicht mehr aus. Er hat noch eine angefangene Schachtel Zigaretten. Nach dem Essen braucht er jetzt unbedingt eine Verdauungszigarette. Und später zum Kaffee braucht er noch eine. Abends hat er ein schlechtes Gewissen. Er hat seinen guten Vorsatz gebrochen. Aber immerhin waren es insgesamt nur fünf Zigaretten an diesem Tag. Das ist viel weniger als vorher. Für den Anfang wäre das ja auch schon gut, wenn es dabei bleiben würde. Aber es bleibt nicht dabei. Von Tag zu Tag wird Mirko nervöser und unkonzentrierter. Seine Laune ist am Boden angekommen. Er weiß, dass das Entzugserscheinungen sind. Er weiß auch, dass er dagegen ankämpfen und Ruhe bewahren muss. Aber er hat sich nicht im Griff. Nach neun Tagen ist er schon wieder bei zehn

Zigaretten am Tag angekommen. Die Mittelchen aus der Apotheke, die er sich zur Hilfe besorgt hatte, scheinen bei ihm nicht zu wirken. Nach drei Wochen gibt er den Kampf auf und raucht wieder so viel wie vorher. Er kann eben nicht anders.

Der Freund, der von heute auf morgen nur aufgrund seines festen Willens mit dem Rauchen aufhören konnte, schüttelt verzweifelt den Kopf. Er macht sich wirklich Sorgen um Mirko. Und auch Mirko selbst macht sich Sorgen. Aber er schafft es einfach nicht, sein Verlangen nach Zigaretten zu kontrollieren. Es steckt zu tief in ihm drin, schon zu lange ist es seine Gewohnheit und mit seinem Alltag fest verbunden. Mirko resigniert, doch sein Freund versucht weiterhin, ihm Mut zu machen. Seine Gesundheit ist es doch wert, dass er sich endlich vom Glimmstängel lossagt. Es gibt bestimmt einen Weg, er muss ihn nur finden und ihn gehen.

NICHT OHNE MEIN AUTO

Der 47-jährige Emilio ist überzeugter Single und arbeitet in einem Bürojob. Seine ganze Liebe gehört seinem Auto. Es ist sein Ein und Alles. Schon in seiner Jugend hat er Autos geliebt und sie waren seine ständigen Begleiter auf allen Wegen. So ist es bis heute geblieben. Ein Leben ohne Auto ist für Emilio unvorstellbar. Jede noch so kleine Strecke, selbst wenn es nur mal eben um die Ecke ist, fährt er mit dem Auto. Zu Fuß gehen, Radfahren oder öffentliche Verkehrsmittel sind einfach nicht sein Ding. Sein Auto und er sind zu einer festen Einheit verwachsen. Sein Arbeitsplatz ist zwar nur einen zehnminütigen Fußweg von seiner Wohnung entfernt und da er zentral wohnt, könnte er auch alle notwendigen Einkäufe zu Fuß erledigen. Aber er liebt nun mal sein Auto und mag das Gehen einfach nicht. Auch wenn er mal ausnahmsweise einen Ausflug in die Natur machen will, geht er nicht spazieren oder fährt Fahrrad, sondern kurvt mit seinem Auto durch die Landschaft. Selbstverständlich fährt er auch mit dem Auto in den Urlaub. Am liebsten würde er sein vierrädriges Schätzchen mit in die Wohnung nehmen. Schade, dass er zu den Müllcontainern seiner Wohnanlage nur über einen kleinen Fußweg gelangt, sonst würde er auch dorthin mit dem Auto fahren.

Sein Auto verursacht zwar hohe Kosten, aber das stört Emilio nicht. Da spart er lieber woanders. Dass Autos die Umwelt verschmutzen, ignoriert er. Er fährt natürlich einen Benziner, einen großen, schnellen Benziner. Denn das Auto muss ja auch etwas herzeigen. Und bequem hat er es auch gern. Von viel Bewegung oder gar Sport hält er überhaupt nichts. Wenn ihm nach frischer Luft ist, kann er ja immer noch das Fenster öffnen. Nun gut, für große Einkäufe ist ein Auto ja unter Umständen sinnvoll und praktisch. Aber so denkt Emilio nicht. Er braucht sein Auto eben für jeden Weg. Seine Freunde und seine Kollegen schütteln schon den Kopf über ihn. Emilios Angewohnheit schadet schließlich nicht nur seinem Portemonnaie und der Umwelt, sondern auch seiner Gesundheit. Letzteres hat auch schon sein Arzt bestätigt, denn Emilio nimmt immer mehr zu. Oft ist er atemlos, wenn er nur einen ganz kurzen Weg geht, wie von seiner Wohnung zum Auto oder vom Auto in sein Büro. Das gefällt Emilio natürlich auch nicht so gut. Aber er kann und will seinen Lebensstil nicht ändern.

Worüber er sich allerdings oft ärgert, ist, dass er teilweise sehr lange einen Parkplatz suchen muss und manchmal deswegen zu spät zur Arbeit kommt. Es kommt auch öfters vor, dass er morgens oder abends noch extra zum Tanken fahren muss, nur weil er für den kurzen Weg zur Arbeit das Auto nimmt. Das kostet Zeit und Nerven, aber veranlasst Emilio trotzdem nicht dazu, seinen Lebensstil zu überdenken. Es wäre ja auch komisch, wenn er plötzlich zu Fuß gehen würde. Jedenfalls denkt er, es würde komisch wirken. Und so ändert er nichts an seinem Leben, während er immer mehr zunimmt und immer kurzatmiger wird.

Dann, eines Morgens, will sein Schätzchen einfach nicht mehr anspringen. Emilio ist verzweifelt. Er muss zur Arbeit. Wie soll er ohne Auto dahin kommen? Das darf einfach nicht sein. Aber es geht nicht anders. Er ist nicht der Typ, der sich einfach krankmeldet, ohne krank zu sein. Also muss es sein. An diesem Morgen geht Emilio den entsetzlich langen, beschwerlichen Weg von zehn Minuten zu Fuß. Seine Laune ist auf dem Nullpunkt. Die Sonne scheint, aber Emilio kommt übel gelaunt und genervt in der Firma an. Und er ist vollkommen außer Atem. Er muss sich ganz schnell hinsetzen, es geht ihm wirklich nicht gut. Eine Kollegin bringt ihm schnurstracks ein Glas Wasser, dann schaut sie ihn mit liebevoll besorgtem Blick eindringlich an. Ihm ist das ziemlich unangenehm. Und dann sagt sie auch noch: „Emilio, so geht das nicht weiter mit dir. Oder willst du sterben?" Ja, Emilio fühlt sich von der kleinen Anstrengung sterbenselend. Und das im zarten Alter von 47 Jahren.

Emilio hat nun selbst Bedenken, ob er sich nicht doch zusammenreißen und etwas für seine Fitness tun sollte. Aber sein Auto und er sind schon so lange eine Einheit. Es wäre sehr, sehr beschwerlich, auf diesen gewohnten Komfort auf allen

Wegen zu verzichten. Und erst bei Regen, Schnee, Kälte oder Hitze ... da ist es doch im Auto viel schöner. Aber gesund zu sein, ist auch schön und um einiges wichtiger als Bequemlichkeit, und Atemlosigkeit und Übergewicht sind auch nicht bequem. Emilio grübelt. Er erkennt die ernste Warnung, die ihm sein Körper gegeben hat. Aber wird er an sich arbeiten und sich selbst und der Umwelt den Gefallen tun, öfter auf sein Auto zu verzichten? Oder wird er schon am nächsten Morgen wieder mit dem Auto zur Arbeit fahren?

Seine Kollegin steht immer noch da und scheint seine Gedanken zu lesen. „Du packst das, du musst nur ein wenig Disziplin aufbringen“, sagt sie. Und dann fügt sie an: „Wenn du willst, helfe ich dir dabei. Wir trainieren zusammen. Du wirst sehen, bald wirst du dich besser fühlen und es wird dir Spaß machen, dich zu bewegen.“ Emilio hat da so seine Zweifel. Aber einen Versuch ist es doch wert, sagt er sich.

HINTER DEM MÜLLBERG

Steffen ist 27 Jahre alt und arbeitet als Programmierer in einer Firma mit vielen Kollegen zusammen. Er macht seine Arbeit gut und verdient auch gutes Geld damit. Eigentlich ist er ein ganz netter, umgänglicher Typ und bei den meisten Menschen in seinem Umfeld beliebt. Aber auf eine gewisse Art und Weise ist Steffen doch sehr speziell. Er ist extrem unordentlich. Wo er ist bzw. gewesen ist, herrscht das Chaos. Aufräumen und Saubermachen sind für ihn Fremdwörter. Auch Mülltrennung kennt er nicht. In seiner Kindheit und Jugend hat seine Mutter das alles für ihn erledigt.

An Steffens Arbeitsplatz stapelt sich benutztes Geschirr und unter seinem Schreibtisch befindet sich ein bequemes Fußpolster aus Brötchentüten und allerhand anderen Verpackungen. Seine Kollegen kennen das schon lange. Sie regen sich auch nicht darüber auf, sondern amüsieren sich eher. Es gibt auch schon schöne Fotos davon. Ab und zu erbarmt sich einer der Kollegen und räumt alles weg. Als vor Kurzem ein neuer Mitarbeiter zu Steffen wollte und fragte, wo dieser zu finden sei, antwortete ein anderer Kollege laut: „Zweite Tür links und dann hinter dem Müllberg!“ Alle haben gelacht und Steffen hat das mal wieder überhaupt nicht gestört. Er weiß ja, wie er ist.

In seinem Auto sieht es aus, als wäre er die Müllabfuhr, und so mieft es auch. Wenn es Steffen selbst zu schlimm wird, nimmt er eben die Bahn. Und auch da lässt er seinen Müll liegen. In seiner Wohnung herrscht das pure Chaos, der Müll stapelt sich, der Abwasch ist seit Ewigkeiten nicht gemacht und die Wäsche auch nicht. Von Zeit zu Zeit kauft sich Steffen ein paar große Müllsäcke und stopft alles, was Müll ist oder was er für Müll hält, zusammen hinein. So werden Auto und Wohnung wieder für eine gewisse Zeit benutzbar. Die Müllsäcke mit dem Sammelsurium an diversen Dingen stopft er einfach in den Restmüllcontainer. Es wäre zu anstrengend, den Müll noch zu sortieren. Und der Müll, der so lange zusammengelebt hat, möchte sicher auch nicht mehr voneinander getrennt werden. Auch Geschirr und Kleidung kauft er lieber neu, anstatt sie zu reinigen. Manchmal überlegt er, ob dieses Verhalten nicht vielleicht umweltschädlich sein könnte. Aber dann sagt er sich, dass Waschen und Putzen schließlich auch nicht gut für die Umwelt sind. Er redet sich das mit voller Überzeugung ein und glaubt daran. Auch unterwegs ziert Müll Steffens Weg, egal, wo er hingeht. Sogar mitten in der Natur oder am Strand.

Ein Nachbar hat Steffen neulich wegen der Mülltrennung ermahnt. Auch auf seinen Wegen durch Stadt und Land hat er sich schon so manchen kritischen Blick oder Kommentar eingefangen. Er fragt sich, was es die Leute angeht, was er tut. Es ist doch seine Sache, meint er. Und so kümmert er sich nicht darum. In den Nachrichten sieht er öfter mal Berichte über die Bedrohung der Umwelt, von verschmutzten Landschaften und im Müll verendenden Meerestieren. So etwas will er nicht sehen, er schaltet es einfach ab. Was kann er schließlich dafür, was anderswo in der Welt passiert? Manchmal träumt er nachts von solchen Bildern. Und er sieht in den Träumen ganz deutlich, dass es sein Müll ist. Dann wacht er mit schlechtem Gewissen auf und überlegt für ein paar Sekunden, ob er vielleicht doch etwas mehr auf sein Müllverhalten achten sollte. Dieser Gedanke ist aber schnell vergessen und der nächste Müll schnell verstreut.

Doch vor ein paar Tagen hat er zufällig eine alte Freundin wiedergetroffen. Sie kannte ihn damals schon so, wie er heute immer noch ist. Was sie zur Begrüßung sagte, war ihm ziemlich peinlich: „Hallo Steffen, schön dich zu sehen. Ich war neulich an unserem Strand und musste sofort an dich denken. Es lag dort alles voller Müll!“ Das sollte wohl lustig sein. Aber Steffen findet es irgendwie nicht lustig.

Er fragt sich immer noch, warum die Beziehung damals gescheitert ist. Könnte es am Müll gelegen haben? Er mag diese Frau noch immer sehr.

Etwas veränderte sich in diesem Moment in ihm, er sah sich selbst mit anderen Augen. Und er sah alles voller Müll. Wohin bloß damit? Und wie verhindern, dass die Berge wieder wachsen? Steffen hat ein Ziel, er will sich bzw. seinen Müll in den Griff bekommen. Nur der Plan, wie er das schafft, fehlt ihm noch.

ALS GOTT DIE ZEIT SCHUF …

Tanja hat gerade ihr Lehramtsstudium erfolgreich beendet. Das neue Schuljahr beginnt und die 26-Jährige hat nicht nur eine Stelle als Lehrerin für Englisch und Kunst an einer Gesamtschule in einer netten Kleinstadt bekommen, sondern auch eine schöne Wohnung ganz in der Nähe der Schule. Bequem kann sie ihren Arbeitsplatz in einer Viertelstunde erreichen. Tanja geht gern zu Fuß und das Tragen von ein paar Sachen macht ihr auch nichts aus. So kann sie sich nebenbei auch schon etwas fit halten und für die Schüler und Kollegen ein gutes Vorbild im Hinblick auf das Umweltbewusstsein abgeben. Es könnte alles wunderbar sein, wenn Tanja nicht ein Problem hätte, das ihr seit Langem schon zu schaffen macht.

Schon seit ihrer eigenen Schulzeit verzettelt sie sich gern mal in ihrer Zeitplanung. Ihr fallen immer hunderttausend wichtige Dinge ein, die sie noch schnell erledigen muss. Das zieht sich durch ihr ganzes Leben, auch zum Beispiel, wenn sie eine Verabredung oder Termine hat, wo sie pünktlich sein muss oder möchte. Irgendwie denkt sie immer, sie würde alles noch rechtzeitig schaffen, aber dann ist plötzlich die Zeit einfach weg und sie muss sich extrem hetzen. Oft kommt sie auch viel zu spät. Ihr privates Umfeld hat sich daran gewöhnt und sieht ihr das nach. So ist Tanja eben. Im Studium hat sie sich leider auch noch angewöhnt, nicht nur die erlaubte Viertelstunde später zu kommen, sondern sie hat mehr oder weniger eine halbe Stunde daraus gemacht. Doch sie war wegen ihrer freundlichen Art beliebt bei ihren Kommilitonen wie auch ihren Professoren und Dozenten, und so haben alle ihr Verhalten gebilligt. Dadurch hat sie allerdings nie gelernt, pünktlich zu sein.

Eigentlich hätte sie auf diese Art gar nicht ihr Referendariat schaffen können, aber zum Glück hat sie dieses in einer anderen Stadt an derselben Schule gemacht, an der ihre zehn Jahre ältere Schwester bereits Lehrerin war, und in der Zeit auch bei ihrer Schwester gewohnt. Tanjas Schwester hat dafür gesorgt, dass Tanja immer pünktlich war. Aber nun ist Tanja in der neuen Stadt bzw. an der neuen Schule wieder ganz auf sich gestellt. Sie hat sich in der Zeit mit ihrer Schwester nicht etwa deren Pünktlichkeit angewöhnt, sondern war anscheinend wirklich nur durch deren Hilfe und Antrieb pünktlich. Jetzt stellen sich die alten Muster wieder ein. Allein hat sie die Zeit einfach nicht im Griff. Aber sie soll jetzt selbst unterrichten, und Schulstunden beginnen nun einmal zu einer festen Zeit.

Der erste Schultag ist gekommen. Da Tanja um ihre Schwächen weiß, hat sie am Tag zuvor schon alles Notwendige erledigt, ihre Sachen gepackt und ist vorbereitet. Verschlafen ist zum Glück nicht ihr Problem. Nur die Zeiteinteilung nach dem Aufstehen und überhaupt immer. So ist sie auch diesmal rechtzeitig wach, aber irgendwie läuft die Zeit wieder schneller, als sie sollte. Eigentlich wollte Tanja ein bisschen eher in der Schule sein, um einen guten Eindruck zu machen und sich dort in Ruhe umzuschauen. Sie kennt sich ja noch nicht aus und weiß nicht, wo die Räume sind. Also wollte sie eigentlich eine halbe Stunde vor Unterrichtsbeginn da sein. Aber sie ist noch zu Hause. Sie muss unbedingt noch mal in den Spiegel schauen. Auch äußerlich will sie schließlich einen guten Eindruck machen. Und dann sind es plötzlich nur noch 25 Minuten bis Unterrichtsbeginn.

Nun wird es Zeit, nichts wie los. Den Weg zur Schule kennt sie glücklicherweise schon. Und selbst wenn nicht, würde sie ihn jetzt finden – einfach mit der Masse von Schülern mitlaufen. Die haben es auch eilig. Sie muss aber vor ihnen da sein, also muss sie sich ihren Weg bahnen. Tanja kommt schlechter voran, als sie gedacht hat. Nach einiger Zeit beginnt sie, zu laufen. Sieben Minuten vor Unterrichtsbeginn ist sie dann in der Schule angekommen. Den Blick in den Spiegel hätte sie sich sparen können, so abgehetzt, wie sie jetzt ist. Auf dem Flur prallt sie mit einem netten Kollegen zusammen, der aussieht, als wäre er gerade aus dem Bett gefallen. Er lacht verständnisvoll und zeigt ihr den Weg zu der Klasse, in der sie Englisch unterrichten soll. Es ist eine 10. Klasse und die Schüler haben äußerstes Verständnis für Tanjas Auftritt. Alles in Ordnung. Der Schultag läuft dann ganz gut. Dank der Schulklingel kann man zum Glück die Zeit nicht aus den Augen verlieren.

In den folgenden Tagen bemüht sich Tanja sehr, wenigstens pünktlich in der Schule zu sein, wenn nicht etwas früher. Sie hat schließlich Verantwortung für die Schüler, die auf sie warten. Aber nach einer Woche ist sie zu Hause schon wieder dabei, sich langsam, aber sicher zu verzetteln. Sie verfällt wieder in ihren alten

Trott, es steckt irgendwie in ihr drin. Zeitmanagement und Tanja passen einfach nicht zusammen. In den folgenden zwei Wochen kommt sie einige Male mehr als fünf Minuten zu spät zur Schule. Um es annähernd pünktlich zu schaffen, schlingt sie teils ihr Frühstück herunter oder verzichtet ganz darauf. Sie hat in der Hektik auch schon das eine oder andere zu Hause vergessen. Die Schüler stört das nicht besonders, wohl aber den Schulleiter und so manchen Kollegen, der es mitbekommt. Gestern hat der Schulleiter sie auf ihre Pflichten und ihre Vorbildfunktion hingewiesen. Der nette, verschlafen wirkende Kollege vom ersten Schultag flüsterte ihr zu, dass sie lernen müsse, Prioritäten zu setzen. Sie versteht, was er meint. Er kommt zur Schule, wie er eben gerade so ist, aber immer gerade noch pünktlich. Und das scheint dem Schulleiter wohl das Wichtigste zu sein.

Ab heute muss Tanja also unbedingt immer pünktlich sein, egal, wie sie aussieht und was sie sonst noch alles im Kopf hat. Aber sie ist trotz dieses festen Vorsatzes und aller Bemühungen mal wieder spät dran. Zwölf Minuten vor Schulbeginn läuft sie von zu Hause los. Nein, sie läuft nicht, sie rennt. Ohne darauf zu achten, was auf dem Weg liegt. Und da passiert, was nicht passieren darf. Ein großer Ast liegt auf dem Weg, Tanja stolpert und fällt. Ihre neue Jeans ist zerrissen, ihre Knie bluten. Doch Tanja rafft sich auf. Sie muss es schaffen. Wie war noch das Motto des Schulleiters? Egal, wie man aussieht, Hauptsache pünktlich. Gebrochen ist anscheinend nichts. Tanja unterdrückt ihren Schmerz und rennt humpelnd einfach weiter, vorbei an Grüppchen von verdutzten Schülern und Kollegen. Eine Minute vor Unterrichtsbeginn ist sie in der Klasse, in der sie jetzt unterrichten muss.

Ihre Schüler starren sie halb beifällig, halb mitleidig an. Kurz darauf betritt ein Schüler, der selbst immer zu spät kommt, die Klasse und sagt zur arg ramponierten Tanja: „Wow, das ist ja mal ein Einsatz!“ Dann verlässt er einfach wieder die Klasse. Doch ein paar Minuten später kommt er mit Verbandszeug zurück. Die Schüler helfen Tanja dabei, sich zu verarzten. Sie haben ihre neue Lehrerin alle schon ins Herz geschlossen. Eigentlich wäre jetzt Kunstunterricht. Aber heute nicht wirklich. Stattdessen ist das heutige Thema spontan „Die Kunst, richtig mit der Zeit umzugehen“. Alle haben mehr oder weniger schlechte Erfahrungen mit der Zeit gemacht. Und fast jeder fragt sich, warum sie immer einfach plötzlich weg ist. Aber es wird auch über Prioritäten gesprochen. Denn seine Gesundheit sollte man nicht ruinieren. Aber jemand hat die Zeit erfunden, und auch die Termine. Wie lernt man, damit besser umzugehen, wie bekommt man eine Vorstellung davon, wie lange man für alles braucht? Und wie schafft man es, trotz ständig zu knapper Zeit ein entspanntes Leben zu führen? Kann man das trainieren?

In der großen Pause begegnet Tanja in diesem Zustand ihrem besagten netten Kollegen, Tim. Er hat auch so seine Probleme mit der Zeit. Bei ihm ist es das häufige Verschlafen. Er kommt aus einem Dorf in der Nähe und muss mit dem Auto fahren. Da Tanja doch ziemlich große Schmerzen hat, holt er sie in den nächsten Tagen von zu Hause ab und sie fahren zusammen zur Schule. An jedem dieser Tage kommen sie pünktlich. Tim und Tanja fragen sich, woran das liegen könnte. Die Antwort liegt auf der Hand. Tim erklärt: „Wir haben Verantwortung füreinander übernommen. Daran liegt es.“ Das leuchtet Tanja ein, aber sie stellt eine interessante Gegenfrage: „Und was ist so kaputt an uns, dass wir nur für einen anderen Menschen Verantwortung übernehmen können und nicht auch einfach für uns selbst?“ Darauf weiß Tim auch keine Antwort.

Aber wenn das Zeitmanagement für uns alle so wichtig ist, denkt Tanja, dann muss es doch Wege geben, zum eigenen Wohl damit umgehen zu lernen. Wenn sie ohne Probleme ihre Arbeit als Lehrerin tun und sich nicht immer wieder in riskante Situationen bringen will, muss sie es lernen, das weiß sie. Nur wie?

WECKER, DIE NICHT WECKEN

Ralf ist 43 Jahre alt und arbeitet als Elektriker. Besser gesagt: Eigentlich hat er bis vor Kurzem als Elektriker gearbeitet, denn er hat seinen Job verloren, weil er ständig unpünktlich war oder sogar so sehr verschlafen hat, dass er gar nicht zur Arbeit erschienen ist. Das kommt daher, dass Ralf abends gern mit seinen Freunden um die Häuser zieht, bis tief in die Nacht, auch unter der Woche. Der Single ist mit seinen Kumpels ständig nach Feierabend unterwegs. Seine Freunde schaffen es trotzdem, pünktlich bei der Arbeit zu sein, aber Ralf kann das nicht. Er ist kaum eine Nacht vor drei Uhr im Bett, und im Bett findet er es eben gemütlich. Er schläft so gern und träumt vor sich hin. Den Wecker überhört er regelmäßig. Auch mehrere Wecker überhört er. Komisch, findet er selbst, zumal er sich schon die schrecklichsten und lautesten Wecktöne eingestellt hat. Aber so ist es eben. Und so ist es gekommen, dass seinem Chef der Geduldsfaden gerissen ist und ihm der Job gekündigt wurde.

Aber jetzt kann es endlich wieder aufwärtsgehen, Ralf hat einen neuen Job in einer anderen Firma in der Nähe gefunden. Die Bezahlung ist zwar nicht ganz so gut wie im letzten Betrieb, aber es reicht zum Leben. Ralf hat sich vorgenommen, zu dieser neuen Arbeit pünktlich zu kommen. Aber klappt das, und wenn ja, wie? Denn er will nicht darauf verzichten, wie gewohnt mit seinen Freunden um die Häuser zu ziehen. Ralf stellt sich nun noch mehr Wecker in verschiedenen Abständen mit noch grausigeren Tönen und versucht, wenigstens um zwei Uhr im Bett zu sein. An den ersten Tagen klappt das auch und er wird einigermaßen rechtzeitig wach, was allerdings auch daran liegt, dass einige Nachbarn schon an die Wände und an seine Wohnungstür klopfen, weil sie sich von den vielen Weckern gestört fühlen. Ralf ist das peinlich, aber irgendwie muss er es ja schaffen, pünktlich zu sein. Sein Chef ist zufrieden, seine Nachbarn sind langsam ungehalten. Es kommen schon ernste Beschwerden. So geht es also auch nicht weiter.

Aber Ralf hat Glück, in die Wohnung nebenan zieht ein neuer Nachbar ein, der selbst früh aufstehen muss. Dieser Nachbar hat den wahrscheinlich lautesten Wecker der Welt. Ralf hört ihn noch viel lauter als alle seine eigenen Wecker und er kann sich darauf verlassen, dass sein Nachbar den Wecker stellt. In den nächsten Monaten ist Ralf tatsächlich immer rechtzeitig wach und pünktlich auf der Arbeit, und seine Nachbarn haben auch keinen Grund mehr, sich über ihn zu beschweren. So ein Glück. Aber dann geschieht es – Ralf wacht eines Tages erst mittags auf. Wie konnte das geschehen? Ralf gerät in Panik, rast zur Firma und sucht nach einer Ausrede. Der neue Chef winkt ab und sagt: „Einmal ist keinmal!“ Als Ralf abends nach Hause kommt, sieht er einen Zettel an der Wohnungstür des Nachbarn. Darauf steht: „Bin drei Wochen im Urlaub. Mein Schlüssel ist bei Frau Schmidt.“

Ralf ist verzweifelt. Wie soll er ohne den Wecker des Nachbarn wach werden? Ist dies das Aus für seinen neuen Job? Er kann doch auch nicht auf die Abende mit seinen Freunden verzichten. Was sollen die von ihm denken? Aber wie soll er plötzlich seine eigenen Wecker hören? Er hätte so gern den Wecker des Nachbarn. Doch er hat ihn nicht. Kurz überlegt er, ob er sich bei Frau Schmidt den Schlüssel seines Nachbarn holen und sich dessen Wecker ausleihen sollte. Aber das wäre ihm dann doch zu unangenehm. Und es ist ja auch langfristig keine Lösung. Es kann doch nicht sein, dass er es im Alter von 43 Jahren nicht schafft, selbstständig rechtzeitig aufzustehen. Er will auf keinen Fall seinen neuen Job wieder verlieren, aber auch seine Freunde will er nicht verlieren. Was soll er bloß tun? Ralf versteht selbst nicht, warum er es einfach nicht hinbekommt.

Er merkt auch, dass ihm dieser Lebensstil nicht guttut, mal ganz abgesehen von dem Problem mit der Pünktlichkeit. Er ist chronisch übermüdet, sieht um einige Jahre älter aus als er ist und fühlt sich ständig abgeschlagen. Bei der Arbeit ist er auch unkonzentriert, was man als Elektriker besser nicht sein sollte. Das Nachtleben und der andauernde Schlafmangel zehren an seinen Kräften und an seiner Gesundheit. Er wollte sich das eigentlich nicht eingestehen, aber jetzt gerade ist ihm alles zu viel und die Gedanken kreisen. Irgendwie muss er es schaffen, zu einer angemessenen Zeit ins Bett zu gehen und morgens rechtzeitig wach zu werden.

DIE VERSUCHUNG DER VIELFALT

Die 24-jährige Marisa verdient als Kfz-Mechatronikerin seit ein paar Jahren genug Geld, um sich ein Leben zu leisten, das ihr gefällt. Sie ist Single und hat eine kleine, schöne Wohnung mit einem geräumigen Kühlschrank. Dieser ist immer prall gefüllt mit allerhand leckeren Dingen. Prall gefüllt ist eigentlich untertrieben – er ist chronisch überfüllt. Denn Marisa kauft regelmäßig viel zu viel Essen ein. Oft kommt sie mit dem Essen gar nicht hinterher und die schönen Sachen werden schlecht. Am Ende der Woche muss sie leider häufig diverse Nahrungsmittel wegwerfen, darunter auch fast volle Packungen. Warum verhält Marisa sich so, hat sie etwa Angst, zu verhungern?

Nein, so ist es nicht. Es ist vielmehr so, dass sie sich einfach nicht entscheiden kann. Ganz besonders die Auswahl im Kühlregal und an der Frischetheke des Supermarktes haben es ihr angetan. Samstags geht sie außerdem auch gern auf den Wochenmarkt und kauft dort an den ganzen verlockenden Ständen viele Käsespezialitäten und Salate ein. Im Supermarkt steht sie oft unschlüssig vor der riesigen Vielfalt an Produkten. Es sieht alles so lecker aus. Manches kauft sie immer wieder, aber da sind auch so viele Sachen, die sie noch nicht probiert hat, und es gibt ja öfters auch mal neue Variationen. Marisa möchte am liebsten alles sofort probieren, es fällt ihr schon schwer, nicht gleich bei jedem Einkauf von jeder Sorte etwas zu nehmen. Sie kommt regelmäßig mit mehr als zehn verschiedenen Käse- und Frischkäsesorten nach Hause, dazu etliche frische Salate, Dressings und auch einige Joghurts und Smoothies.

Zu Hause kann sie es kaum erwarten, alles zu probieren. So sind dann nicht nur die ohnehin schnell verderblichen Produkte von der Frischetheke und vom Markt schnell angebrochen, sondern auch spätestens nach zwei Tagen alle Packungen geöffnet. Es ist nicht so, dass sie dann keinen Appetit mehr hätte und die Sachen deshalb stehen lassen würde. Nein, es schmeckt ihr alles sehr gut, und deshalb kauft sie vieles auch wieder, aber sie kann die Mengen in der Zeit, bis die Produkte verderben, einfach nicht bewältigen. Sie isst schon viel, aber sie kauft eben viel mehr. Zu den ganzen Frischprodukten gibt es natürlich auch noch Brot und Brötchen in verschiedenen Variationen, und abends isst sie manchmal auch gern etwas Warmes. Dank ihres Berufs, in dem sie körperlich aktiv ist, nimmt sie trotz des ganzen Essens nicht zu. Aber ihr Fassungsvermögen und ihre Zeit sind eben begrenzt.

Marisa ist es selbst unangenehm, dass sie immer wieder Nahrungsmittel wegwirft, während andere Menschen Hunger leiden. Sie versucht auch schon, kleinere Mengen zu kaufen, aber dann erliegt sie doch wieder der Versuchung der Vielfalt. Ihre Augen sind ständig größer als ihr Magen. Und da die meisten der Produkte schnell verderblich sind oder sich zumindest im geöffneten Zustand nur einige Tage halten, werden die Sachen schneller schlecht, als Marisa sie vertilgen kann. Abgelaufene, ranzige oder schimmelige Lebensmittel möchte Marisa natürlich nicht essen, und so bleibt ihr nichts anderes übrig, als sie schweren Herzens in den Müll zu werfen. Sie ist selbst traurig darüber, denn sie hat sich ja darauf gefreut, die Sachen zu essen. Trotzdem schafft sie es seit Jahren nicht, sich beim Einkaufen einzuschränken. Sie nimmt es sich immer wieder vor, aber ihr guter Vorsatz hält nur, bis sie das nächste Mal vor einem Regal oder einer Theke voller Leckereien steht. Zu Hause fühlt sie sich dann überfordert und weiß nicht, wie sie mit der ganzen Vielfalt zurechtkommen soll.

Selbst wenn sie die Packungen nicht gleichzeitig anbrechen würde, könnte sie die ganzen Sachen nicht bis zum Haltbarkeitsdatum bewältigen, zumal bei jedem Einkauf neue Produkte hinzukommen. Immerhin geht sie inzwischen nur noch zweimal pro Woche einkaufen und verkneift sich manchmal den zusätzlichen Gang auf den Markt. Aber es ist immer noch zu viel. Als sie wieder mal in einen Kühlschrank voller schöner Sachen schaut, die fast alle kurz vor dem Verderben sind, fragt sie sich, ob sie nicht etwas davon verschenken könnte. Vielleicht könnte sie auch am Ende der Woche Freunde und Kollegen zum Essen einladen. Dann wurde sie wenigstens etwas Gutes tun und müsste keine Nahrungsmittel in den Müll werfen. Doch Marisa ist auch bei dieser Entscheidung unschlüssig, welche Lösung die bessere ist. Vielleicht beides? Erst eine Party, und dann können die Gäste die Reste mitnehmen ..., aber wenn sie wüsste, dass schon jemand die Produkte vertilgen wird, würde sie wahrscheinlich noch ungebremster einkaufen. Marisa verzweifelt langsam an sich selbst. Es muss doch möglich sein, sich zu beherrschen und sich für wenige Dinge zu entscheiden, oder nicht?

EINE FAST PERFEKTE BEZIEHUNG

Nadja und Peter sind seit über zehn Jahren ein Paar und lieben sich immer noch wie am ersten Tag. Kinder haben die 53-Jährige und der 51-Jährige nicht, aber sie haben sich und ihr gemeinsames Privatleben. Sie wohnen in einem kleinen, alten Haus mit schönem Garten. Vor sieben Jahren haben sie sich selbstständig gemacht und führen seitdem zusammen eine Buchhandlung, in der sie eine große Auswahl an Büchern anbieten. Außerdem haben sie kleine Geschenke, Kalender und Glückwunschkarten im Angebot. Man sollte vielleicht denken, dass eine Buchhandlung heutzutage nicht mehr so gut besucht wäre, doch ihre ist es. Das liegt unter anderem auch daran, dass ihr Standort in einer idyllischen Kleinstadt gelegen ist. Auch gibt es immer wieder Lesungen und Vorträge. So geht es Nadja und Peter ganz gut, sie können privat wie beruflich zufrieden sein.

Jedoch haben sich in der langjährigen Beziehung auch kleine Schwierigkeiten und ungünstige Angewohnheiten eingeschlichen. Irgendwann haben die beiden angefangen, über alles und jeden zu diskutieren und sogar zu streiten. Meist geht es dabei nur um Kleinigkeiten. Zum Beispiel streiten sie darüber, welche Bücher und andere Artikel angeschafft werden sollten und wie man sie am besten präsentieren sollte. Darüber vergeht viel Zeit und am Ende stellen die beiden dann fest, dass sie eigentlich sowieso ähnliche Ideen hatten. Zu Hause geht es dann so weiter. Nadja und Peter können sich oft nicht einigen, was eingekauft werden soll und was gegessen wird. Nach einem stressigen Tag hat zudem keiner mehr Lust auf die Hausarbeit, und so diskutieren sie auch über dieses Thema. Sogar über ihren schönen Garten streiten sie – wann der Rasen gemäht werden muss, wann die Vögel gefüttert werden müssen, welche Pflanzen angeschafft werden sollten und dergleichen. Es ist auch schon dazu gekommen, dass einer dem anderen die Schuld gegeben hat, wenn etwas nicht so geklappt hat, wie es sollte.

Zum Glück versöhnen die beiden sich immer wieder schnell. Dann sind sie immer sehr traurig, dass sie sich überhaupt gestritten, ihre schöne Zeit damit vergeudet und sich mal wieder verletzt haben. Sie lieben sich doch so sehr. Am Anfang ihrer Beziehung war alles ganz anders, da lebten sie in Harmonie. Nadja und Peter verstehen sich selbst nicht mehr. Wie konnte es dazu kommen, dass die kleinen und großen Streitereien ein fester Bestandteil ihres Alltags geworden sind? Sie wollen das doch beide nicht. Aber immer wieder passiert es ihnen. Sie würden am liebsten die Zeit zurückdrehen. Aber das geht ja nicht. Das verliebte Paar würde sich gern so harmonisch verstehen und miteinander umgehen wie früher. Das sagen sie sich seit Langem immer wieder. Sie möchten eigentlich gemeinsam daran arbeiten, nicht mehr zu streiten.

Was man sich angewöhnt hat, das müsste man sich doch auch wieder abgewöhnen können, denken sie. Aber irgendwie schaffen sie es trotz ihrer Liebe nicht, sich zu beherrschen. Sie haben Angst, dass ihre Beziehung eines Tages an dem ganzen Streit kaputtgehen könnte. Das wäre das Allerschlimmste für sie.

ZU VIEL DES GUTEN

Tessa ist 32 Jahre alt und selbstständig tätig. Sie gibt Nachhilfeunterricht in Spanisch, Englisch und Mathe. Das macht sie am Nachmittag und am frühen Abend, in den Ferien zum Teil auch ganztags. Außerdem unterrichtet sie auch Erwachsene in Spanisch und Englisch. Dafür arbeitet sie oft auch abends und am Wochenende. Zeitweise gibt sie zudem Seminare an der Volkshochschule. Das alles ist sehr zeitaufwendig, zumal noch eine ganze Menge Vor- und Nachbereitung des Unterrichts hinzukommen. Da sie zu den einzelnen Schülern hinfährt, hat sie zudem noch lange Fahrtzeiten.

Oft dehnen sich die Nachhilfetermine länger aus als die eigentliche Unterrichtszeit, weil die Eltern noch mit ihr über die Fortschritte ihrer Kinder sprechen wollen. Auch die Schüler selbst, Kinder wie Erwachsene, wollen sich häufig gern noch nach den Terminen privat mit Tessa unterhalten. Manche sehen es auch als normal an, die Unterrichtszeit einfach zu überziehen. Tessa ist ein sehr liebenswerter Mensch und kann niemandem etwas abschlagen, also nimmt sie das alles hin. Auch zwischendurch ist sie für ihre Schüler immer erreichbar, um Fragen zu klären und ihnen zu helfen. Ihre Unterrichtsvorbereitung macht sie nicht nur sorgfältig, sondern auch liebevoll und individuell.

Zu alledem kommt noch die Terminplanung hinzu, in der sie sehr flexibel sein muss, um sich den Wünschen und Umplanungen der Schüler anzupassen. Ihre Schüler haben häufig Sonderwünsche oder verlegen einen Termin ganz plötzlich, wodurch dann alles durcheinandergerät. Besonders ärgerlich sind Terminabsagen kurz vor Unterrichtsbeginn, insbesondere, wenn Tessa sich bereits auf den Weg gemacht hat. Manche Schülereltern sind zudem schwierig und die Schüler haben nicht nur Lerndefizite, sondern auch Probleme im Elternhaus und in der Schule, die auf Fehlverhalten von Lehrern und Eltern beruhen. Sogar das versucht Tessa, aufzufangen. Zusätzlich hat sie vor einiger Zeit noch begonnen, vom Home-Office aus Übersetzungen zu machen. Auch dabei gibt sie sich äußerst große Mühe, den Kundenwünschen zu entsprechen. Das ist nicht immer einfach, weil es oft inhaltliche Änderungswünsche gibt und alles noch einmal überarbeitet werden muss.

Apropos überarbeitet, Tessa ist vollkommen überarbeitet. Nicht nur, dass sie mit dem Unterricht, den Übersetzungen und allem, was dazugehört, ohnehin schon sehr viel zu tun hat, es kommt auch noch die Buchhaltungsarbeit dazu, die sie als Solo-Selbstständige erledigen muss. Wo bleibt Tessas Privatleben, wo die Freizeit? Die sind verschwunden, finden praktisch nicht mehr statt, und das schon seit Längerem. Ihr Freund versteht sie nicht, er hat einen geregelten Büroalltag als Angestellter und kann Tessas Berufsleben nicht nachvollziehen. Es kommt zwischen den beiden immer wieder zu Schwierigkeiten. Aber Tessa ist sich ohnehin nach mehreren Jahren mit etlichen Auseinandersetzungen nicht mehr sicher, dass er der Richtige für sie ist. Auch in anderer Hinsicht differieren die Ansichten der beiden erheblich. Eigentlich hat sie sich schon mehrfach von ihm trennen wollen, aber auch hier gibt sie immer wieder nach und denkt nicht an sich selbst.

In ihrer schönen Wohnung lebt sie zum Glück allein, aber diese verwandelt sich aufgrund des ganzen Stresses allmählich in ein Chaos, obwohl Tessa eigentlich ein sehr ordentlicher Mensch ist. Eigentlich ist sie auch so gern draußen unterwegs, sie liebt die Natur sehr. Und sie liebt die Malerei, sie malt richtig gute Bilder. Tessa könnte auch einfach Künstlerin sein, davon hat sie eigentlich früher mal geträumt, aber dafür braucht man Beziehungen. Von der Kunst zu leben, ist fast niemandem möglich. Als ob das alles nicht genug wäre, wird auch noch alles immer teurer. Tessa muss sich oft einschränken, obwohl sie so viel arbeitet. Unter dem ganzen

Stress leidet ihre Gesundheit. Trotz ihrer jungen Jahre fühlt sie sich häufig abgeschlagen, energielos und alles tut ihr weh.

Das kann einfach nicht so weitergehen, denkt sie oft, wenn sie vor Müdigkeit kaum noch weiterkann. Tessa hat eine beste Freundin, die immer ein offenes Ohr für sie hat und für sie da ist, aber auch ihr geht es nicht so gut. Die beiden denken zusammen viel darüber nach, wie man etwas ändern könnte, denn die schönen gemeinsamen Unternehmungen von früher müssen in letzter Zeit immer mehr ausbleiben. Das Leben ist zu kompliziert geworden.

Tessa findet keinen richtigen Ausweg aus der verfahrenen Situation. Aber es muss einen Ausweg geben. Die junge Frau hat es sich durch ihre hilfsbereite Art zur Gewohnheit gemacht, ihr eigenes Leben zu vernachlässigen. Auch wenn es gut ist, anderen einen Gefallen zu tun, kann es nicht richtig sein, nicht mehr an sich selbst zu denken, sich zu verlieren und seine eigene Gesundheit aufs Spiel zu setzen. Tessa muss lernen, einen Mittelweg zu finden, sich nicht aufzuopfern und sich genügend Freiraum für ihr Privatleben zu erhalten. Aber sie weiß schon nicht mehr, wie es geht, jemandem etwas abzuschlagen, und sie fürchtet auch, dass sie Kunden verlieren und finanzielle Schwierigkeiten bekommen könnte, wenn sie sich nicht weiter so extrem reinhängen und es nicht mehr allen recht machen würde.

Trotzdem merkt sie jeden Tag mehr, dass sie lernen muss, Grenzen zu setzen und auf sich selbst achtzugeben. Gemeinsam mit ihrer besten Freundin will sie es schaffen, auch wenn ihr noch nicht klar ist, wie das gehen soll.

IMMER(ZU) GUT VORBEREITET

Manuela ist beruflich wie auch privat viel unterwegs. Auf all ihren Wegen ist die 39-Jährige auf alles gut vorbereitet, denn sie hat ständig einen prall gefüllten Rucksack mit allen möglichen Utensilien dabei, die sie eventuell brauchen könnte, also für den Fall der Fälle. Dieser Rucksack ist natürlich auch schwer. Sie hat wirklich immer *alles* dabei, auch Dinge, die sie nicht unbedingt benötigt. Ihr Rücken findet das gar nicht gut, aber Manuela will auf jede etwaige Situation gefasst sein. Sie grübelt ständig darüber, was alles passieren könnte und was sie dann möglicherweise braucht.

Etwas zu essen und zu trinken hat sie sowieso immer dabei, falls sie zwischendurch Hunger oder Durst bekommt. Dazu gehört auch etwas zum Naschen. Auch alle möglichen Medikamente und Verbandszeug befinden sich in Manuelas Rucksack. Man weiß ja nie, was so passiert. Selbstverständlich hat sie auch all ihre üblichen Papiere und ein dickes Portemonnaie dabei. Aber ihr Terminkalender, ein Schreibblock und mehrere Kugelschreiber dürfen ebenfalls nicht fehlen. Es könnte schließlich sein, dass sie unterwegs dringend etwas aufschreiben muss. Sie hat es zwar noch nie getan, aber es könnte ja sein. Zudem hat sie immer ein Buch dabei, darin hat sie sogar schon öfters gelesen, wenn sie mit dem Bus unterwegs war. Falls ihr auf ihren Wegen mal ihre Kleidung kaputtgehen sollte, befindet sich außerdem Nähzeug in ihrem Rucksack, natürlich mit Garn in allen Farbabstufungen ihrer Sachen.

Diverse Kosmetika, Schminksachen und Hygieneartikel trägt sie auch ständig mit sich herum, aber nicht nur das, sondern zusätzlich noch zwei Handtücher, frische Unterwäsche und einen Spiegel. Sie könnte ja unvorbereitet irgendwo anders übernachten müssen. Für den Fall hat sie sogar eine Tasse, einen Teller und Besteck dabei, denn vielleicht gibt es dort, wo sie sich dann gerade befindet, zum Beispiel bei Freunden oder in der Firma, gerade kein sauberes Geschirr. Da sie dann gegebenenfalls dort auch wach werden muss, befindet sich ein Wecker in ihrem Rucksack. Falls der Akku ihres Handys versagen sollte, hat sie zusätzlich zu ihrem Ladegerät ein Zweithandy dabei. Und da es sein könnte, dass ihre Armbanduhr zwischendurch den Geist aufgibt, nimmt sie auch stets eine Ersatzarmbanduhr mit. Wenn es kalt wird, ist Manuela ebenfalls gut vorbereitet, denn sie hat immer ein Paar Handschuhe, eine Mütze und Stulpen dabei. Natürlich darf auch ein Regenschirm nicht fehlen, selbst wenn strahlender Sonnenschein angesagt ist. Passend dazu muss aber die Sonnenbrille mit. Und dann hat auch noch ein Kuscheltier als Glücksbringer in dem Rucksack Platz genommen.

Bepackt, wie sie ist, überlegt Manuela ständig, ob sie nicht doch etwas vergessen hat, was sie rein theoretisch brauchen könnte. Meistens fällt ihr tatsächlich noch etwas ein. Sie konstruiert in Gedanken die verrücktesten Situationen, die entstehen könnten. Keine dieser Situationen hat jemals stattgefunden. Die wenigsten Dinge, die Manuela überallhin mitschleppt, hat sie bisher wirklich gebraucht. Aber das heißt nichts, man weiß ja nie, denkt sie. Unterwegs haben sie öfters schon fremde Leute angesprochen und gefragt, wohin die Reise denn gehe. In der Firma, in der sie arbeitet, bei ihrer Familie und ihren Freunden erntet sie allmählich nur noch Kopfschütteln, denn ihr Rucksack ist in den letzten Jahren immer dicker geworden. Aber niemand konnte sie bislang davon überzeugen, dass man dieses schwere Gepäck nicht überall mit herumschleppen muss. Es würde doch auch reichen, je nach Anlass die jeweils notwendigen Dinge mitzunehmen, aber das sieht Manuela nicht.

Ihr Rucksack erschwert ihr im wahrsten Sinne des Wortes das Leben. In Konzerte beispielsweise, wo eine Taschenkontrolle stattfindet, wird sie schon lange nicht mehr reingelassen. Um ihre Lieblingsbands zu sehen, müsste sie auf ihre ganzen Utensilien verzichten, aber das kann sie nicht. Auch im Supermarkt hat sie ihren großen Rucksack dabei. Man kennt sie dort schon, sie ist eine ehrliche Kundin. Aber vor Kurzem saß ein neuer Mitarbeiter an der Kasse. Er war misstrauisch und forderte Manuela auf, den Inhalt ihres Rucksacks zu zeigen. Vor den Augen der anderen Kunden sollte sie alles auspacken. Das war ihr dann doch zu peinlich und es gab eine große Auseinandersetzung, bis sie endlich durch eine Mitarbeiterin erlöst wurde, die sie kannte.

Manuela fand sich selbst in dem Moment etwas seltsam. Mit Handtüchern, Essgeschirr und diversen anderen Dingen zum Einkaufen gehen? Das ist schon irgendwie merkwürdig, denkt sie. Außerdem ist der Rucksack an sich schon schwer genug, mal ganz abgesehen davon, dass sie ihr Portemonnaie und ihre Schlüssel darin ewig suchen muss, aber sie muss zusätzlich zu dem Rucksack auch noch die Einkaufstüten zu Fuß nach Hause schleppen, denn ein Auto hat sie nicht. Mehrere Beziehungen sind wegen ihrer Angewohnheit schon gescheitert, weil sie versucht hat, ihre Partner zu überzeugen, sich ebenfalls für alle Eventualitäten zu wappnen. Das wollte niemand lange mitmachen.

Manuela ist gerade mal wieder abgekämpft und von vielen belächelt nach Hause gekommen. Ihr Rücken tut weh, in ihrem Rucksack ist alles durcheinander. Entnervt setzt sie sich erst mal hin und verfällt in das übliche Grübeln. Irgendwie ist sie allmählich selbst genervt von ihrem Verhalten. So geht es doch nicht weiter. Sie erinnert sich, dass sie vor ein paar Jahren noch relativ unbeschwert unterwegs war. Wie konnte es dazu kommen, dass sie nach und nach immer mehr Sachen mitnehmen musste? Sie versteht sich selbst nicht mehr. Sie würde gern an den Punkt zurückkommen, als sie diesen großen, dicken Rucksack noch nicht mit sich herumgeschleppt hat.

Sie vermisst die Zeit, als sie einfach nur die wenigen notwendigen Dinge dabeihatte, sich frei bewegen konnte und nicht komisch angeguckt wurde. „Warum packe ich den Kram nicht einfach aus?“, denkt sie verzweifelt und versteht langsam, dass sie nicht nur einen großen Rucksack, sondern ein großes Problem hat.

EINE LIEBESBEZIEHUNG DER ANDEREN ART

Die 27-jährige Natalie hat eine aktive Liebesbeziehung – mit ihrem Smartphone. Sie scheint damit verwachsen zu sein. Nichts geht ohne ihr geliebtes Handy. Es ist ständig in Aktion, nicht nur in Natalies Privatleben, sondern auch an ihrem Arbeitsplatz. Sie muss alle paar Minuten nachsehen, ob ihr jemand eine Nachricht geschickt hat. Selbst schreibt sie auch viele Nachrichten, aber sie fotografiert auch alles, wo sie geht und steht, und lädt es dann in sozialen Netzwerken hoch. Sie ist natürlich nicht nur in einem sozialen Netzwerk aktiv, sondern in vielen. Und dort schaut sie dann auch die Fotos, Videos und Posts ihrer vielen Freunde an. Nun ja, Freunde sind es eigentlich nicht wirklich, Natalie hat diese Menschen noch nie persönlich gesehen oder mit ihnen gesprochen. Aber sie ist mit ihnen vernetzt und teilt ihr Leben mit ihnen.

Sie schaut sich jedoch auch viele Videos im Internet an und liest dort alle möglichen Nachrichten, ob wichtig oder unwichtig. Selbstverständlich muss sie auch regelmäßig nachsehen, was der Wetterbericht sagt. Ob es gerade regnet, die Sonne scheint, es windig ist oder wie viel Grad es sind, weiß sie nur von ihrem Handy und nicht davon, dass sie rausgeht. Manchmal hat sie sich schon gewundert und geärgert, wenn es plötzlich wie aus Eimern regnete, obwohl ihr Smartphone ihr etwas anderes gesagt hatte. Wenn Natalie etwas kochen möchte, schaut sie sich dafür auch ein Video im Internet an. Und natürlich macht sie während des Kochens und Essens mehrere Fotos und teilt diese mit ihrer „Community“. Der Blick auf das Smartphone ist morgens das Erste, was sie tut, und abends sitzt sie oft noch lange im Bett und chattet oder sieht sich Videos und Bilder an. Sogar auf die Toilette nimmt sie ihr geliebtes Handy mit. Es könnte schließlich sein, dass ihr in dieser Zeit jemand eine Nachricht schickt, und das will sie nicht verpassen.

Ihr Handy nicht griffbereit zu haben, macht sie unruhig, sie fühlt sich dann nicht komplett. Sie kann es aber auch nicht einfach ruhig neben sich liegen lassen, die Versuchung ist zu groß, sich damit zu beschäftigen. Das findet sie auch weitaus interessanter als ihre Arbeit im Büro. Ihr Chef hat sie schon oft dabei erwischt, wie sie an ihrem Handy herumgefummelt hat, anstatt zu arbeiten. Er hat sie bereits mehrfach ermahnt, diese private Aktivität am Arbeitsplatz zu unterlassen. Natalie braucht ihren Job und weiß, dass sie versuchen muss, sich während der Arbeitszeit zu beherrschen, um nicht gekündigt zu werden. Aber sie kann einfach nicht anders. Es ist alles so spannend und aufregend im Internet und in den sozialen Netzwerken. Ihre „Freunde" warten doch sicher auch auf ihre neuesten Meldungen. Natalie hat ihr Handy sicherheitshalber schon in eine Schreibtischschublade gelegt, die sie heimlich ab und zu öffnet. Sie will unbedingt vermeiden, noch mal erwischt zu werden. Aber sie kann sich weiterhin nicht auf ihre Arbeit konzentrieren, kommt nicht voran und macht Fehler. Das wird dem Chef bestimmt bald auffallen. Natalie macht sich Sorgen, ist aber trotzdem weiter mit ihrem Handy beschäftigt.

Privat ist es noch schlimmer. Ihre echten Freunde und ihre Familie halten nichts von dem ewigen Gefummel am Smartphone, sie selbst benutzen solche Geräte nur im angemessenen Rahmen. Von Natalie kennen sie nur noch den Scheitel, weil diese ständig auf ihr Handy schaut. Wenn sie sich mit ihren Freunden oder ihrer Familie trifft, ist ihr „Liebling" natürlich dabei und viel interessanter als die Menschen, die gerade vor ihr sitzen. Sie schaut kaum jemals hoch, hört nur selten zu und beteiligt sich auch fast nie an Gesprächen. Oft werden das Essen oder der Kaffee kalt und die anderen sind beleidigt und enttäuscht. Natalie ist mehr abwesend als anwesend, auch wenn sie da ist. Sie bemerkt gar nicht, wie respektlos ihr Verhalten ist. Vielmehr kann sie nicht verstehen, warum die anderen sie nicht verstehen. Es ist nun mal die Welt, in der Natalie lebt, die Welt des Smartphones. Es ist ein Teil von ihr. Dann sollten die anderen das akzeptieren, findet sie.

Vor Kurzem hat Natalie einen sympathischen Typen kennengelernt, den sie wirklich interessant findet. Aber er scheint nicht besonders viel von Handys und Internet zu halten. Er ist in keinem sozialen Netzwerk und es dauert Stunden, bis er auf SMS antwortet. Trotzdem haben die beiden es geschafft, sich zu verabreden – per Telefongespräch. Wie altmodisch, denkt Natalie, aber nun gut, der Typ gefällt ihr trotzdem noch. Heute sind sie zum Essen verabredet, in einem schönen, kleinen Lokal. Alles bahnt sich gut an. Ein paar lange Minuten hält Natalie es sogar aus, nicht auf ihr Handy zu schauen. Dann kann sie sich nicht mehr beherrschen. Ihre Hand zuckt ein paarmal in Richtung ihrer Tasche und wieder zurück, dann liegt das Smartphone wie üblich neben ihr auf dem Tisch. Erst guckt Natalie nur verstohlen darauf, doch schnell zieht ihr Lieblingsstück sie wie gewohnt in seinen Bann. Ihr Date verzieht wegen dieser Ignoranz etwas das Gesicht, bleibt aber höflich. Der Rest des Abends vergeht, ohne dass ein wirklicher Gedankenaustausch der beiden stattfindet. Das leckere, wunderschön angerichtete Essen auf Natalies Teller bleibt zur Hälfte stehen. Das Handy ist wichtiger. Ihr Date sagt auch dazu nichts und bezahlt die Rechnung, er hat Natalie ja schließlich eingeladen. Er bringt sie sogar noch nach Hause. Natalie hat weiterhin nur Augen für ihr Smartphone, nicht für ihn. Sie merkt gar nicht, wie unhöflich sie ist. Er hingegen ist immer noch höflich und verabschiedet sich freundlich.

Die nächsten Tage wartet Natalie vergeblich darauf, dass er sich bei ihr meldet. Sie schaut immer wieder auf ihr Handy, jetzt allerdings nur noch aus einem Grund. Aber der Grund schickt keine SMS und ruft auch nicht an. Auch nach drei Tagen nicht. Es nervt Natalie, dass er in keinem sozialen Netzwerk ist, sonst könnte sie wenigstens sehen, ob er online war. Sie macht sich ein wenig Sorgen, ihm könnte etwas passiert sein. Aber eigentlich ahnt sie, warum er sich nicht meldet, und deshalb traut sie sich auch nicht, ihn anzurufen. Sie hat den Abend noch mal im Geiste Revue passieren lassen und schämt sich jetzt dafür, dass sie die ganze Zeit an ihrem Handy zugange war.

Natalie fühlt sich nicht gut. Sie hat sich verliebt. Aber sie hat sich wohl durch ihre Angewohnheit alles verdorben. Was soll sie nur tun? Hat sie noch eine Chance, die Sympathie des jungen Mannes zu gewinnen? Und wenn, hätte ihre Beziehung eine Zukunft? Immerhin müsste Natalie für ihn lernen, ohne ihr Handy auszukommen.

EIN GROßER TRAUM

Katja ist 22 Jahre alt und kommt aus einer Arbeiterfamilie. In der Schule ist nicht alles so gut gelaufen, wie sie gehofft hat. Sie hat ihr Leben lang davon geträumt, eine Karriere als Musikerin zu machen, mit einer Band zusammen auf die Bühne zu gehen und ihre Musik zu veröffentlichen. Sie ist ein richtiges Talent, schreibt eigene Songs, hat eine tolle Stimme und spielt gut Gitarre. Aber Katja fehlen die Kontakte zur Musikerszene und sie weiß nicht, wie sie ihren Wunsch verwirklichen könnte. Also bleibt ihre Musikkarriere bisher nur ein Traum.

Ihr Geld verdient sie als Produktionshelferin bei einem Konzern für Kosmetik- und Hygieneartikel. Der Job ist für sie anstrengend und auch langweilig. Sie ist nicht glücklich. Eigentlich wollte sie in ihrem Leben doch nur Musik machen. Nun steht sie Tag für Tag in der Tretmühle und muss so funktionieren, wie es von ihr erwartet wird. Und das für wenig Geld, zu wenig Geld. Da die Arbeit in Schichten erfolgt, ist Katjas Leben zudem auch noch unruhig und unregelmäßig. Das zehrt trotz ihres jungen Alters an ihren Kräften. Viel Freizeit gibt es nicht und am Ende des Monats ist oft nicht viel Geld übrig. Ihre wenige Freizeit widmet sie ihrer Musik, aber das Equipment, das sie eigentlich bräuchte, kann sie sich nicht leisten.

Ihre Familie und Freunde haben selbst kaum genug Geld, um zurechtzukommen. So können sie nichts zu Katjas Traum beisteuern, außer, dass sie ihr die Daumen drücken. Alle wünschen Katja so sehr, dass es mit ihrer Karriere als Musikerin endlich klappt. Sie scheint der einzige musikalische Mensch in der Familie und im Freundeskreis zu sein, so ist sie ganz auf sich gestellt. Es hat auch niemand Beziehungen zur Musikszene oder zu Leuten mit Geld, die ihr finanziell unter die Arme greifen könnten. Aber alle lieben Katja, und Katja liebt sie. Dieses Gefühl, privat gut aufgehoben zu sein und Menschen zu haben, die zu ihr stehen, baut sie auf und macht ihren Alltag erträglicher. Trotzdem macht es sie traurig, dass sie statt auf einer Bühne an einem Fließband steht.

Es ist ihr sehnlichster Wunsch, von der Musik zu leben, aber sie sieht keine Chance, das jemals zu erreichen. Nicht nur Geld und Beziehungen fehlen ihr, sondern auch der Mut. Und vor allem fehlen ihr wegen ihres anstrengenden Jobs auch Kraft und Zeit. Sie spielt zwar immerhin weiter Gitarre, singt und schreibt Songs, aber sie hat keine Energie, um sich eine gute Möglichkeit zu überlegen, wie sie damit an die Öffentlichkeit kommen kann. Ideen hat sie manchmal, aber dann geraten diese in Vergessenheit oder Katja denkt sich, dass sie es eh nicht schaffen kann und vielleicht noch negative Kritik bekommt, falls überhaupt jemand sie beachtet. Es wäre ein zu großes Risiko, es zu versuchen, ihre Musik zum Beruf zu machen. So denkt sie zumindest. Sie muss ja Geld verdienen, und das geht nun einmal nur mit ihrem festen Job. Für beides gleichzeitig hätte sie nicht die Energie und Zeit. Katja hat im Grunde schon aufgegeben, auch wenn sie weiterhin träumt, dass es eines Tages auf wundersame Art doch noch klappen könnte. Sie sieht sich nicht in der Lage dazu, ihren Traum zu verwirklichen, und findet sich damit ab,

Fabrikarbeiterin zu sein. So geht sie immer weiter brav zu der Arbeit, die sie allmählich hasst. Und das Tag für Tag, während sie immer trauriger wird.

Wenn sie erschöpft nach Hause kommt, schließt sie manchmal einfach nur die Augen und stellt sich vor, wie sie auf einer großen Bühne steht, vor viel Publikum. Im Publikum sieht sie alle ihre Lieben, die Freudentränen in den Augen haben und stolz auf sie sind. Sie sieht an diesen Tränen auch, dass sie dann mit ihrem Geld allen anderen helfen kann. Doch dann, wenn sie die Augen öffnet, ist sie plötzlich wieder in der grauen Realität und hat selbst Tränen in den Augen, aber keine Freudentränen. Anstatt zu proben und neue Songs zu schreiben, legt sie sich oft einfach schlafen, denn sie muss ja in ein paar Stunden wieder in der todlangweiligen, kräftezehrenden Tretmühle funktionieren.

Sie ist erst 22, hat das ganze Leben noch vor sich. Aber oft fühlt sie sich, als ob schon alles aus ist für ihren großen Traum. Sie will nicht aufgeben, aber mit jedem Tag tut sie es ein bisschen mehr. Wann ist der Punkt erreicht, an dem sie ihre Musik komplett an den Nagel hängt? So weit darf es einfach nicht kommen. Manchmal hat sie diese Gedanken, und dann wird sie sehr traurig und auch wütend. Hat sie es nicht verdient, das zu tun, was sie liebt und gut kann? Sie hat wirklich großes Talent und die Musik ist ihre absolute Leidenschaft. Warum soll sie ihr Leben in einer Produktionshalle fristen und einen Hungerlohn verdienen? Andere Musiker haben es doch auch geschafft, bekannt zu werden, und viele hatten davor auch nicht viel Geld und mussten Jobs machen, die ihnen nicht gefielen. Manche haben als Straßenmusiker angefangen, andere haben selbst Demo-Tapes aufgenommen und sind damit von Produzent zu Produzent getingelt, bis einer „Ja“ gesagt hat. Heute gibt es auch noch das Internet, das schon für viele ein Sprungbrett war. Zumindest erst mal ein wenig bekannt werden, mal abgesehen vom Geld, das wäre doch ein erster Schritt.

Katja weiß das alles und ihre Freunde und Familie versuchen immer wieder, sie zu ermutigen. Aber sie kann sich einfach nicht hochreißen, ihre Selbstzweifel sind zu groß und ihre Energie ist zu wenig. Also bleibt sie in ihrem grauen Alltag und versucht, sich irgendwie damit abzufinden.

RESPEKTLOSE RESTE

Arne kommt aus einer großen Familie und hat viele Freunde. Der 32-Jährige ist im Allgemeinen bei allen sehr beliebt. Er ist jedoch gerade mal wieder Single. Mit seinen bisherigen Beziehungen hat immer irgendetwas nicht so geklappt. Aber eigentlich lebt er auch ganz gern solo, dann kann er wenigstens machen, was er will. Er arbeitet als Zimmermann und geht in seinem Beruf auf, verdient genug Geld und versteht sich auch mit seinen Kollegen bestens. Es ist eigentlich alles gut in Arnes Leben. Das einzige Problem ist, dass er eine ziemlich schlechte Angewohnheit hat, durch die seine Mitmenschen ziemlich genervt sind und für die sie ihn auch häufig kritisieren. Arne hat es sich nämlich leider schon seit Langem angewöhnt, bei jeder Mahlzeit einen Rest vom Essen und Trinken auf seinem Teller und in seinem Glas oder Becher übrig zu lassen.

Wenn er das bei sich selbst zu Hause tut, macht das nichts, denn er verzehrt es später noch. Auch bei der Arbeit ist es nicht weiter schlimm, seine Kollegen vertilgen gnadenlos alle Reste, auch wenn sie Arnes Verhalten etwas seltsam finden. Im Restaurant finden das Essen und die Getränke leider keinen Abnehmer. Zwar ist ja alles bezahlt, also kann die Bedienung nichts sagen, aber oft genug haben Kellner schon erstaunt oder verächtlich geguckt. Schließlich müssen sie die guten Nahrungsmittel, die Arne zurücklässt, einfach entsorgen. Es ist wirklich schade, Essen wegzuwerfen und Trinken wegzuschütten, während andere Menschen Hunger und Durst leiden. Aber Arne hat nun einmal dieses Verhalten. Besonders unfair wird es am Buffet, wenn er sich von allem zu viel auffüllt und andere in die Röhre gucken müssen, um anschließend zu sehen, wie die Reste auf seinem Teller verbleiben. Der Ärger steht den anderen Gästen dann ins Gesicht geschrieben, aber Arne scheint gar nicht zu merken, wie rücksichtslos er handelt.

Am schlimmsten ist es jedoch bei privaten Treffen im Familien- und Freundeskreis, wenn Arne dort eingeladen ist. Alle haben sich Mühe gegeben mit dem Kochen und Backen und natürlich auch mit der Auswahl der Getränke, und all das hat auch Geld gekostet. Doch Arnes Freunde und Familie müssen nach den Feiern regelmäßig feststellen, dass er auf allen Tellern und in allen Gläsern, die er benutzt hat, mal wieder Reste übrig gelassen hat. Das ist wirklich ignorant und beschämend. Diejenigen, die alles so liebevoll vorbereitet haben, sind dann sehr oft traurig und enttäuscht. Umkommen lassen sie aber nichts, sondern essen tapfer alles auf und trinken alles aus, was Arne anscheinend nicht mehr wollte. Eine schöne Situation ist das nicht, doch die meisten haben sich damit abgefunden, dass Arne so ist. Früher haben sie ihn öfters darauf angesprochen, aber das endete dann meist in Streit und hat auch keine Veränderung bewirkt.

Er ist sich keiner Schuld bewusst. Für ihn ist es einfach ganz normal, sich so zu verhalten. Dabei haben seine Eltern es ihm anders beigebracht, sie haben ihn gelehrt, das Essen und Trinken wertzuschätzen und sich nicht mehr zu nehmen, als man verzehren kann. Seine schlechte Angewohnheit hat er erst im Erwachsenenalter entwickelt. Warum, das weiß keiner. Arne selbst könnte es wissen, aber dafür müsste er erst einmal einsehen, dass er überhaupt eine schlechte Angewohnheit hat. Er weist jedoch jegliche Kritik zurück. Seine Ex-Partnerinnen waren nicht so geduldig mit ihm wie seine Familie und Freunde, es kam immer wieder zu größeren Auseinandersetzungen und schließlich zu unsanften Trennungen. Sie konnten und wollten nicht verstehen, wie jemand so achtlos mit Nahrungsmitteln umgehen und seine Liebsten immer wieder vor den Kopf stoßen kann. Wenn sie für ihn gekocht haben, hat er natürlich auch Reste auf dem Teller gelassen und fand das vollkommen in Ordnung.

Es scheint, als wären ihm weder die Nahrungsmittel noch der Aufwand, den andere mit der Zubereitung hatten, etwas wert. Auch scheint er zu glauben, dass alles nur für ihn da sei, er sich frei bedienen und dann beliebig viel liegen lassen könne. Es ist zwar nur eine kleine Gewohnheit, aber trotzdem macht sie einen großen negativen Eindruck und wirkt verletzend auf andere Menschen – so etwas muss doch nicht sein!

KLEINE HAUFEN MIT GROSSER BEDEUTUNG

Die 31-jährige Janette arbeitet meistens in ihrem Home-Office. Nur ab und zu muss sie auch mal in die Firma, für die sie tätig ist. Diese Arbeitsweise gefällt ihr gut und kommt ihr entgegen, denn sie hat einen Hund, einen wirklich lieben, zwei Jahre alten Mischlingshund namens Flocky. Janette und Flocky sind allseits beliebt bei Familie und Freunden, und auch mit den Nachbarn der kleinen Wohnanlage, in der sie lebt, versteht die junge Frau sich ziemlich gut. Es gibt nur ein Problem, das Janette nicht in den Griff bekommt, und sie schämt sich ein bisschen dafür.

In ihren Pausen und nach Feierabend geht sie mit ihrem Hund Gassi und beide genießen die kleinen Ausflüge in den schönen Park, der sich ganz in der Nähe der Wohnanlage befindet. So weit, so gut. Flocky erledigt natürlich auch sein Geschäft auf den Spaziergängen, wie es sein soll. Durch den Park führen viele schöne Wege, während Bänke die Menschen zum Verweilen einladen. So ist im Park immer viel los und natürlich sind auch andere Hunde da. Das ist nicht das Problem, aber Folgendes: Während alle anderen Hundebesitzer (oder wenigstens fast alle) immer wie vorgeschrieben die Häufchen ihrer Vierbeiner in Tüten einsammeln und entsorgen, kann Janette das einfach nicht. Sie liebt Flocky sehr, aber seine Hinterlassenschaften mag sie nicht berühren. Sie hat immer eine Tüte und eine kleine Schaufel dabei, aber trotzdem kriegt sie es nicht hin, sie kann sich nicht überwinden. Sie denkt immer, dass sie aus Versehen direkt mit der Hand den Kot berühren könnte oder etwas davon auf ihre Kleidung kommt, und die Vorstellung gibt ihr ein beklommenes Gefühl. Es ist nicht wirklich Ekel, es ist eher Angst. Sie hat schon wie gelähmt mit der Schaufel und der Tüte in den Händen vor Flockys Häufchen gestanden und konnte es einfach nicht tun.

Einige Nachbarn kennen ihr Problem und manche verstehen sogar, dass die Vorstellung, unterwegs Hundekot an Händen und Kleidung zu haben, ihr Unwohlsein verursacht. Der eine oder andere Hundebesitzer hat ihr auch schon geholfen und für sie den Kot eingesammelt. Janette ist das alles sehr peinlich, zumal sie sonst ein ordentlicher, pflichtbewusster Mensch ist. Außerdem droht ihr ein Bußgeld, wenn jemand sie anzeigen sollte. Es kann so nicht weitergehen. Ihre Freunde haben ihr schon viele Tipps gegeben, wie sie die Hundehaufen aufsammeln könnte, ohne sich schmutzig zu machen. Sie hat auch den anderen Hundebesitzern zugesehen und selbst viel überlegt. Mittlerweile hat sie zusätzlich Einweghandschuhe dabei, aber trotzdem schafft sie es nicht. Immer noch denkt sie, dass sie irgendwie mit dem Kot in Berührung kommen könnte. Immerhin wären die Handschuhe hinterher voller Hundekot und Janette müsste sie irgendwie ausziehen. Dabei würde sich bestimmt der Kot auf ihre Kleidung und vielleicht auch auf ihren Hände verteilen. Und wie sollte sie währenddessen die Leine festhalten? Janette verstrickt sich in tausend Befürchtungen und die Häufchen bleiben weiter liegen.

Vor Kurzem hat ein Jogger sie beschimpft, weil er Zeuge des Geschehens geworden war. Ein anderes Mal hat sie von Weitem gesehen, wie ein Radfahrer genau an der Stelle, wo Flocky vorher seinen Haufen gemacht hatte, stark ins Schlittern kam und fast gestürzt wäre. Janette ist verzweifelt, sie versteht nicht, was mit ihr los ist. Andere können es doch auch. Es ist doch nur von ihrem lieben Flocky. Warum kann sie den Kot nicht einfach aufsammeln? Wenn sie es einmal schaffen würde, wäre es danach bestimmt nicht mehr so schlimm und sie könnte sich daran gewöhnen. Aber solange sie sich nicht überwinden kann, kann sie es auch nicht trainieren. Sollte sie vielleicht lieber Flocky angewöhnen, nur dorthin seinen Haufen zu legen, wo kein Mensch hinkommt? Nein, das ist sicher keine gute Lösung und auch nicht praktikabel. Es gibt nur einen Weg und der ist eigentlich ziemlich einfach, aber für Janette sehr schwer, zu schwer.

ORDNUNG MUSS SEIN

Tyler ist 42 Jahre alt und sein Verhalten führt zu geteilten Meinungen. Beruflich ist er zumindest bei seinen Vorgesetzten beliebt. Er arbeitet in einem Büro und ist überaus korrekt und ordentlich. Privat gehen die Meinungen über ihn allerdings auseinander. Speziell seine Nachbarn haben ihre Schwierigkeiten mit ihm, denn Tyler ist auch bei sich zu Hause überaus korrekt. Alles muss seine Ordnung haben. Er wohnt in einer Straße mit kleinen Häusern und dazugehörigen Gärten, eigentlich ganz idyllisch. Die Gärten der Nachbarn sind auch wirklich hübsch und malerisch. Nur bei Tyler ist es nicht so. Sein Garten besteht nämlich nur aus einer Rasenfläche. Keine Blumen, keine Sträucher und auch keine Bäume befinden sich auf seinem Grundstück. Die bunten und vielfältigen Gärten seiner Nachbarn missfallen ihm sehr. Oft hat er schon Streitigkeiten angefangen, weil Blätter und Blüten- oder Baumsamen zu ihm herübergeweht sind. Das stört seine Ordnung.

Tylers Rasen ist ständig akkurat gemäht. Wenn dort etwas anderes wächst, wie zum Beispiel Gänseblümchen oder Klee, passt das nicht in seine penible Ordnungsliebe und wird gnadenlos vernichtet. Tyler besitzt natürlich einen Rasenmäher, einen alten, stinkenden Benzinrasenmäher, der einen Höllenlärm macht. Und dieser ist oft im Einsatz, sehr oft. Einmal pro Woche muss der Rasen gemäht werden, sonst ist er für Tyler zu hoch und zu verwildert. Manchmal mäht er auch zweimal in einer Woche. Am liebsten mäht er nach Feierabend oder am Wochenende zu einer Zeit, in der seine Nachbarn sich gern entspannen würden. Wenn Tyler auf seinem lärmenden, stinkenden Mähtrecker sitzt, fühlt er sich wie ein König. Er braucht dieses Gefühl der Macht. Das dauernde Rasenmähen ist zu einem festen Bestandteil seines Lebens geworden, unabhängig davon, ob der Rasen seit dem letzten Mähen gewachsen ist oder nicht. Mit dieser Angewohnheit ärgert er so manchen Nachbarn so richtig.

Er mäht auch unabhängig von der Jahreszeit und selbst dann, wenn im Hochsommer nach Wochen glühender Hitze und ohne Niederschlag der Rasen vollkommen ausgetrocknet ist. Man kann das dann schon kaum noch Rasenmähen nennen, eher mäht er die Erde. Es steigen riesige Staubwolken auf, die sich über die Nachbarschaft verteilen. Tyler stört das nicht. Was ihn stört, ist, wenn Steine in seinen Mäher kommen. Dann muss er sein treues Gefährt nämlich abschalten und absteigen, um die bösen Steine zu entfernen. Auch im Winter mäht Tyler seine Rasenfläche. Wenn Schnee liegt, räumt er diesen extra dafür weg und schiebt ihn in die Gärten der Nachbarn, damit dann der wilde Ritt wieder losgehen kann. Um im Herbst das Laub der Nachbarn von seiner Mähfläche zu entfernen, hat er zusätzlich noch einen Laubbläser, der ebenfalls einen Riesenkrach macht und stinkt. Mithilfe dieses Monsters befördert er das ganze Laub zurück in die Gärten der Nachbarn.

Alle Tiere machen einen Bogen um Tylers Grundstück, und alle Nachbarn machen einen Bogen um Tyler. Kaum jemand spricht noch mit ihm, es sei denn, es gibt Streit. Wären seine Nachbarn nicht so gelassen, hätten sie schon längst Anzeige gegen ihn erstattet. Eine angenehme Wohnatmosphäre kann so nicht entstehen. Alle fragen sich, was mit diesem Menschen los ist. Er selbst fragt sich das anscheinend nicht. Wenn er darüber nachdenken würde, wie er sich benimmt, müsste er doch einsehen, dass er etwas ändern sollte.

„Warum schaffe ich das nicht?“ Den inneren Blockaden auf der Spur

Wo ein Wille ist, ist auch ein Weg – ja, so sagt man. Aber warum ist es dann so schwer? Warum nimmt man sich immer wieder vor, seine negativen Gewohnheiten abzulegen, und verfällt doch immer wieder in die alten Muster? Wenn es nur ein Denkprozess ist und man sogar die Aktivität der Gene durch bewusste Veränderung des Lebensstils steuern kann, müsste man es doch schaffen können. Man müsste sich nur „am Riemen reißen“ und dann würde man nicht mehr zu spät kommen, ungesunde Sachen essen, vor dem Fernseher versacken, unnötige Dinge kaufen, rauchen oder sich selbst, andere Menschen oder die Umwelt in irgendeiner sonstigen Weise schädigen. Man könnte einfach das Leben in die Bahnen lenken, in denen man es haben möchte. Die positive Veränderung stünde einem frei. Aber es klappt nicht. Nicht einmal, wenn man es sich zu Neujahr oder zum eigenen Geburtstag vornimmt. Wie kann das sein?

Ganz einfach (oder schwer): Man ist innerlich blockiert. Die eigenen Denkstrukturen stellen das Hindernis dar. Wie schon erklärt, prägen sich Gewohnheiten immer tiefer ein, je öfter man sie wiederholt. Sie rufen sich dann selbst automatisch ab, ohne dass man das will. Was zum Beispiel beim Gehen einer Treppe oder beim Essen mit Messer und Gabel sinnvoll sein kann, ist in vielen anderen Fällen eine große Hürde.

Die Strukturen wollen nicht verlernt werden, Ihr Gehirn hält sie für wichtig und richtig, da Sie sie schon so lange benutzen. Das ist natürlich sehr bildhaft gesprochen, aber trifft es im Kern – Gewohnheiten sind ein sich selbst erhaltendes System. Durch die Anwendung prägen sie sich tiefer ein, und indem sie sich tiefer einprägen, werden sie leichter angewendet. Das heißt gleichzeitig, dass sie schwerer zu verlernen sind, da sie sich immer wieder selbst abrufen und sich somit stärken.

EINE FRAGE DES TRAININGS

Das Gehirn funktioniert ähnlich wie ein Muskel, also stellen wir uns einmal den Vergleich vor: Wenn Sie eine Zeit lang immer nur mit dem rechten Arm ein Gewicht stemmen, wird dieser Arm kräftiger, während der linke gleich bleibt oder mangels Trainings sogar erschlafft. Da Ihr rechter Arm nun der stärkere ist, benutzen Sie ihn automatisch, um auch in Alltagssituationen oder bei der Arbeit schwere Sachen zu tragen. Dadurch wird dieser Arm wiederum stärker und dem linken Arm fehlen nun auch diese Trainingsmöglichkeiten, sodass er weiterhin schwächer wird.

Übertragen wir das auf das Beispiel der Unpünktlichkeit, wird durch das Unpünktlichsein (entsprechend dem rechten Arm) die Unpünktlichkeit immer weiter trainiert, während die Fähigkeit zur Pünktlichkeit (der linke Arm) immer mehr verblasst. Ursprünglich waren beide Arme gleich, und so hatten Sie auch bei Ihrer Geburt gleichermaßen die Möglichkeit, sich Pünktlichkeit oder Unpünktlichkeit zur Gewohnheit zu machen. Sie haben sich aber, warum auch immer, die Unpünktlichkeit angewöhnt. Da diese nun nach langer Zeit des intensiven Trainings sehr stark geworden ist, erscheint es kaum möglich, dass sie wieder schwächer und die Pünktlichkeit stärker wird.

Doch genauso, wie Sie die Unpünktlichkeit trainiert haben, können Sie auch die Pünktlichkeit trainieren. Es ist allerdings schwerer, als wenn beide Fähigkeiten noch ausgeglichen wären – wie die beiden Arme zu Beginn –, denn der starke Arm will immer wieder alle Aufgaben übernehmen, und so drängt sich auch die Unpünktlichkeit immer wieder in den Vordergrund. Dies ist das, was wir allgemein als den inneren Schweinehund oder als den eigenen Schatten wahrnehmen, über den wir einfach nicht springen können. Aber so groß der Schweinehund oder der Schatten auch ist, man kommt darüber hinweg. Es ist schließlich der *eigene* innere Schweinehund bzw. der *eigene* Schatten. Das heißt: Es liegt an einem selbst.

Sich schädliche oder ungeliebte Gewohnheiten abzutrainieren, ist trotzdem weitaus schwieriger, als sich einfach etwas anzugewöhnen, denn der sich selbst erhaltende Mechanismus ist nun einmal da. Wenn Sie allerdings konsequent mit dem schwächeren Arm Gewichte stemmen und im Alltag Sachen tragen, während Sie den starken Arm nicht mehr benutzen, werden Sie bald Erfolge sehen und spüren. Genauso werden Sie bald pünktlicher sein, weniger rauchen, sich mehr bewegen etc., wenn Sie sich bewusst darauf konzentrieren. Jedes Mal, wenn Sie das neue Verhalten aktiv anwenden, werden die alten, gewohnten Muster nicht abgerufen, und das heißt, dass sie auch nicht gestärkt werden. Gleichzeitig bilden sich neue Muster, die bei jeder Anwendung immer stärker werden. So gelangen Sie irgendwann an den Punkt, an dem Ihr neues, besseres Verhalten sich so tief eingeprägt hat, dass es sich selbst abruft und verstärkt – dann hat Ihre alte, negative Gewohnheit kaum noch eine Chance.

HINDERNISSE & LÖSUNGEN

Es gibt allerdings ein paar Faktoren, die Ihnen Ihr Vorhaben hartnäckig erschweren können. Zum einen kämpfen Sie bei jeglicher Art von Sucht nicht nur gegen Denkmuster, sondern auch gegen Hormone, denn das Suchtverhalten führt zur Ausschüttung von Glückshormonen und somit zu einem Zustand von Befriedigung, den Sie unbewusst immer wieder erreichen wollen. Bei Alkohol, Nikotin und Drogen kommt noch die biologische Abhängigkeit hinzu. Dennoch handelt es sich bei dem Suchtverhalten um Ihr eigenes Handeln und dieses können Sie kontrollieren. Ob Sucht oder nicht, gibt es jedoch bei jeder Art von Gewohnheit verschiedene mögliche innere Blockaden, die es Ihnen erheblich erschweren können, Ihr Ziel zu erreichen – natürlich können auch mehrere davon gleichzeitig vorliegen, was es dann extra schwer macht.

Möglichkeit 1: Sie haben falsche innere Überzeugungen.

Wenn Sie sich auf eine bestimmte Art verhalten, hat das einen Anlass, und zwar, dass Sie aus irgendeinem Grund denken oder zumindest gedacht haben, dass dieses Verhalten richtig wäre. Wie erklärt, bilden sich Gewohnheiten meist unbewusst, insofern liegen auch die entsprechenden Überzeugungen, die dahinterstecken, im Unterbewusstsein. Derartige Überzeugungen nennt man Glaubenssätze und, wie es auch mit den Gewohnheiten ist, hat jeder Mensch sehr viele davon. Glaubenssätze und gewohnheitsmäßiges Verhalten hängen sehr eng zusammen. Nicht auf heiße Herdplatten zu fassen, beruht zum Beispiel auf dem Glaubenssatz „Wenn ich auf eine heiße Herdplatte fasse, verbrenne ich mir die Hand“. Glaubenssätze können insofern wahrheitsgemäße Inhalte haben, wie auch Gewohnheiten sinnvoll und richtig sein können.

Schädlichen Gewohnheiten liegen jedoch falsche Glaubenssätze zugrunde, die unwahre inhaltliche Überzeugungen beinhalten. Sie glauben zum Beispiel, dass es wichtig sei, mit der Welt in sozialen Medien vernetzt zu sein, und so finden Sie an Ihrer Gewohnheit, ständig am Smartphone zu chatten, Bilder zu teilen etc. nichts Schlimmes. Sie halten es sogar für etwas sehr Gutes und denken, dass die Menschen, die das nicht tun, etwas falsch machen. Warum sollten Sie also etwas ändern, wenn Sie alles richtig machen? So denkt Ihr Unterbewusstsein, in dem der betreffende falsche Glaubenssatz tief gespeichert ist, weiterhin, auch wenn Sie bewusst versuchen, sich zu ändern.

Falsche Glaubenssätze können auf Fehlinformationen und schlechten Vorbildern im realen Umfeld oder in den Medien beruhen, aber auch einfach auf der Tatsache, dass Sie ein Verhalten aus Unaufmerksamkeit, Nachlässigkeit oder Unwissenheit begonnen haben und die negativen Folgen noch nicht wahrgenommen haben. Zum Beispiel fahren Sie einmal bei Rot über eine Kreuzung, weil Sie es sehr eilig haben, und es passiert nichts – das merkt sich Ihr Gehirn und so haben Sie in Zukunft weniger Hemmungen, das Verhalten zu wiederholen. Je öfter Sie es tun und dabei kein Unfall geschieht, desto tiefer wird Ihre Überzeugung, dass es nicht schlimm sei, bei Rot über Kreuzungen zu fahren, und so tun Sie es immer öfter.

Um falsche Glaubenssätze aufzulösen, ist es zunächst erforderlich, dass Sie diese erkennen. Denken Sie dafür über Ihre Gewohnheit nach und fragen Sie sich: „Was finde ich daran gut und richtig? Warum habe ich damit angefangen? Welche Kritik weise ich regelmäßig zurück?“ Anschließend müssen Sie sich die schädlichen Folgen Ihres Handelns bzw. die richtigen Fakten bewusst machen. Hinterfragen Sie Ihr Verhalten, informieren Sie sich aus seriösen Quellen und denken Sie darüber nach, was wirklich richtig, wichtig und vernünftig ist. Schreiben Sie sich die Erkenntnisse auf, die gegen Ihr betreffendes gewohntes Verhalten sprechen, und lesen Sie sich die Notizen immer wieder durch. Wenn möglich, sehen Sie sich auch Bilder und Videoberichte zu dem Thema an, denn durch die optische Wahrnehmung prägen sich die Inhalte besser ein.

Rufen Sie sich immer wieder ins Gedächtnis, was Sie jetzt wissen, und achten Sie bewusst auf Ihr Verhalten. Wenn Sie in die betreffende Gewohnheit verfallen bzw. dazu ansetzen, schalten Sie Ihren Verstand ein und erinnern sich, was Sie inzwischen gelernt haben. Sie sollten sich zudem einen markanten Satz einprägen, der Ihrer alten Überzeugung entgegensteht, zum Beispiel „Bei Rot zu fahren, kann tödlich sein" oder „Das echte Leben ist wichtiger als das Smartphone". Sagen Sie sich diesen mehrfach täglich und vor allem auch, wenn Sie zu dem betreffenden Verhalten ansetzen. Zusätzlich ist es aber auch wichtig, dass Sie das Verhalten nicht länger an den Tag legen und sich auch nicht von anderen dazu anstacheln lassen, denn ansonsten machen Sie Ihrem Gehirn weiterhin vor, dass diese Gewohnheit gut wäre. Doch um das konkrete Verhaltenstraining soll es an dieser Stelle noch nicht gehen. Es ist ein längerer Prozess, tief sitzende falsche Glaubenssätze loszuwerden und neue Glaubenssätze zu entwickeln, durch die dann das erwünschte, gegenteilige Verhalten zur Normalität für Sie wird. Im fünften Kapitel geht es daher darum, wie Sie Schritt für Schritt Ihre Gewohnheiten loswerden können.

Möglichkeit 2: Sie wissen nicht, wie Sie Ihr Vorhaben umsetzen können.

Es kann sein, dass Sie schon lange darüber nachdenken, ein Projekt zu verwirklichen oder eine Alltagsgewohnheit abzulegen, aber keine Idee haben, wie das gehen soll. Ihnen fehlen vielleicht Kenntnisse, um sich beruflich zu verändern und somit aus Ihrem gewohnten, öden Job auszubrechen, oder Sie brauchen für Ihr Vorhaben eine Ausstattung, die Sie sich nicht leisten können. Möglicherweise benötigen Sie auch Unterstützung von anderen Menschen, aber kennen niemanden, der Ihnen bei dieser Sache helfen könnte, oder es fehlt einfach „nur" am Startkapital bzw. an den Rücklagen, um etwas zu wagen. Auch bei anderen Zielen, wie zum Beispiel eine Angst zu überwinden oder mit dem Rauchen aufzuhören, ist es möglich, dass Sie bisher keinen guten Plan entwickeln konnten und daher Ihr Vorhaben immer weiter aufschieben. Im Prinzip könnte man denken, das sei keine innere, sondern eine äußere Blockade, aber oft blockieren Sie sich dennoch selbst, da Sie den richtigen Weg einfach noch nicht gefunden haben. Vielleicht haben Sie auch nicht ordentlich gesucht und zu schnell aufgegeben.

Machen Sie sich klar, dass es wichtig ist, Ihr Ziel zu erreichen. Nehmen Sie sich Zeit und denken in aller Ruhe nach. Schreiben Sie einfach alles auf, was Ihnen in den Sinn kommt, auch wenn einiges Ihnen vielleicht merkwürdig oder unmöglich vorkommt. Wiederholen Sie den Vorgang ruhig öfter, wenn beim ersten Mal noch nicht viel Brauchbares herauskommt. Überlegen Sie sich eine Strategie und ziehen Sie andere Personen aus Ihrem Umfeld hinzu, Freunde, Familie oder auch nette Nachbarn oder Kollegen. Je mehr Köpfe beteiligt sind, desto mehr Ideen gibt es, und Sie haben gute Chancen auf emotionale und tatkräftige Unterstützung. Es gibt bestimmt einen Weg, Sie müssen ihn nur finden. Haben Sie Geduld, bleiben Sie am Ball und geben Sie nicht auf.

Möglichkeit 3: Sie sind durch andere Faktoren in Ihrem Leben so belastet, dass Ihnen die Energie fehlt.

Veränderungen brauchen Kraft und Zeit, aber häufig fehlt mindestens eines von beidem. Wichtige Vorhaben werden immer weiter verschoben, da sich der Alltag in den Vordergrund drängt. Tag für Tag vergeht und man hat wieder einfach im alten Trott funktioniert, obwohl man doch so viel vorhatte. Kommt dann noch richtiger Stress hinzu, zum Beispiel durch berufliche oder familiäre Überlastung, oder eine waschechte Krise wie eine Trennung, der Verlust des Arbeitsplatzes oder eine Krankheit, sind alle Ziele auf einmal vergessen. Je mehr negative oder einfach „nur" zeit- und kräftezehrende Aspekte es in Ihrem Leben gibt, desto weniger fühlen Sie sich in der Lage, auch noch an Ihren eigenen Zielen zu arbeiten. Es gibt allerdings auch noch die Möglichkeit, dass Sie zu viele Projekte gleichzeitig haben und sich darin verzetteln, sodass Sie am Ende keines umsetzen und sich vollkommen überfordert fühlen.

In beiden Fällen müssen Sie lernen, Prioritäten zu setzen und sich Ihre Energie einzuteilen. Setzen Sie sich in Ruhe hin und schreiben Sie einmal alles auf, was Sie zurzeit zu tun haben und welche Ziele Sie außerdem erreichen wollen. Überlegen Sie sich dann, wie viel Zeit jeder dieser Aspekte durchschnittlich pro Tag (oder, wenn das nicht auszurechnen ist, pro Woche) einnimmt. Passt das alles in die vorhandene Zeit, wenn Sie auch noch ausreichend Schlaf, Zeiten für Ihre notwendigen Bedürfnisse und etwas Ruhe einrechnen? Dann müssen Sie sich Ihre Zeit einfach besser einteilen und einen Plan machen, bei dem Sie Grenzen für die verschiedenen Tätigkeiten festlegen, sodass nichts zu kurz kommt. Passt es nicht, denken Sie darüber nach, bei welchen Tätigkeiten des Alltags Sie Zeit und Aufwand reduzieren könnten, um die Energie für Ihre persönlichen Ziele zu haben. Unter den Zielen setzen Sie wiederum Prioritäten, denn es ist effektiver, sich nur um jeweils ein Vorhaben zu kümmern, aber dieses dafür dann wirklich gut zu machen.

Möglichkeit 4: Sie glauben nicht an sich.

Wenn Sie sich nicht zutrauen, Ihr Vorhaben umzusetzen, stehen Sie innerlich so auf der Bremse, dass sich überhaupt nichts bewegen kann. Veränderungen sind immer mit Anstrengungen verbunden, und um solche zu bewältigen, muss man glauben, dass man es schaffen kann. Halten Sie es nicht für möglich, Ihr Ziel zu erreichen, kommt es Ihnen sinnlos vor, sich überhaupt in Bewegung zu setzen, und wenn Sie es doch versuchen, dann strengen Sie sich nicht an und bleiben auf der Strecke. Das ist beim Kampf gegen Gewohnheiten nicht anders als in einem sportlichen Wettkampf.

Sie müssen also lernen, Vertrauen in sich selbst, Ihre Fähigkeiten und Ihre Ausdauer zu gewinnen. Sie können es schaffen, und zwar sind Sie die einzige Person auf der Welt, die es schaffen kann. Es handelt sich um Ihr eigenes Vorhaben, Sie müssen einfach an sich selbst und mit sich selbst arbeiten. Es liegt also alles in Ihrer eigenen Kontrolle. Doch möglicherweise haben Sie tief sitzende Selbstzweifel oder Ängste, die sich ohnehin durch Ihr Leben ziehen. Vielleicht sind diese sogar der Grund, warum Sie die betreffende Gewohnheit haben.

Wir sind hier wieder beim Thema falsche Glaubenssätze – diese existieren nicht nur in Bezug auf äußere Fakten, sondern auch hinsichtlich Ihnen selbst. Gehen Sie deshalb jetzt wieder in sich und denken Sie darüber nach, wie Sie zu sich selbst stehen, welche Meinung Sie über sich haben, generell und speziell in Bezug auf Ihr aktuelles Ziel. Tauchen da Aussagen auf wie „Ich kann es doch eh nicht schaffen“, „Ich bin halt zu nichts gut“, „Was soll aus mir schon werden“, „Ich bin allein mit meinen Problemen“, „Ich kann einfach nicht anders“ oder womöglich „Ich bin nichts wert“? Achten Sie auch auf Ihre Gefühle, wenn Sie daran denken, Ihr Vorhaben umzusetzen. Verspüren Sie Nervosität, Angst, Niedergeschlagenheit, Unwohlsein oder irgendein anderes negatives Gefühl? Versuchen Sie zu definieren, warum Sie sich so fühlen. Haben Sie zum Beispiel Angst vor dem Versagen oder fürchten Sie sich vor der Sache an sich? Denken Sie, dass Ihnen etwas fehlt, wenn Sie Ihre Gewohnheit ändern? Glauben Sie, dass Sie dann weniger Anerkennung bekommen oder irgendwelche Schwierigkeiten haben werden? Oder welchen Grund gibt es sonst?

Schreiben Sie sich Ihre Gedanken und Gefühle auf, wobei Sie unter jedem Punkt eine halbe Seite frei lassen. Diesen Platz nutzen Sie anschließend, um dorthin gegenteilige Aussagen zu schreiben. Pro Punkt sollten es mindestens drei sein. Es können Argumente sein, anhand derer Sie sich belegen, dass Ihre Zweifel und Befürchtungen Unsinn sind, oder aber einfach Sätze mit gegenteiligem Inhalt. Es macht nichts, wenn sich diese ziemlich ähnlich sind. Unter „Ich kann es doch eh nicht schaffen" schreiben Sie zum Beispiel „Ich weiß, dass ich es schaffen kann", „Ich erreiche mein Ziel" und „Ich habe schon vieles im Leben geschafft". Zu „Ich habe Angst" schreiben Sie beispielsweise „Ich bin mutig", „Ich bin stark" und „Ich habe die Kontrolle über mein Leben". Wichtig ist, dass diese sogenannten Affirmationen positiv formuliert (ohne „nicht" o. Ä.) und möglichst knapp, aber aussagekräftig sind.

Nehmen Sie sich Zeit, es ist keine ganz einfache Übung, aber Sie werden sie bewältigen – und damit haben Sie bereits etwas geschafft. Die ursprünglichen Sätze („Ich habe Angst" usw.) streichen Sie anschließend mit einem dicken Stift durch. Ihre neuen, positiven Sätze rahmen Sie sich jeweils in Ihrer Lieblingsfarbe ein. Lesen Sie sich diese täglich mehrfach durch und lernen Sie sie außerdem auswendig, um sie sich bei Bedarf auch unterwegs sagen zu können. Nach einer Weile prägen sich die neuen Überzeugungen in Ihrem Unterbewusstsein ein und Sie werden stärker und zuversichtlicher.

Möglichkeit 5: Sie machen sich zu viel Druck.

Ein bisschen Stress ist manchmal ganz gut, um auf ein Ziel hinzuarbeiten. Doch wenn es zu viel wird, nimmt es einem den Mut, die Energie und die Fähigkeit, klar zu denken. Das gilt ganz besonders, wenn es sich um negativen Stress handelt. Dieser entsteht, wenn Sie das Gefühl haben, etwas tun zu müssen und Nachteile zu bekommen, wenn Sie es nicht schaffen. Auch eigene Projekte können in negativen Stress ausarten, wenn Sie die Sache zu verbissen sehen und Angst vor dem Scheitern haben. Das kann daran liegen, dass Sie zu hohe Ansprüche an sich selbst haben, dass Sie vor Ihren Mitmenschen gut dastehen wollen oder dass Sie mit dem Erreichen des Ziels etwas verbinden, auf das Sie keinesfalls verzichten wollen.

Wenn das Vorhaben schwierig ist und Sie dabei nicht so gut vorankommen, wie Sie gehofft haben, wächst in Ihnen die Nervosität, da Sie meinen, sich nicht erlauben zu dürfen, es nicht zu schaffen. Umso größer wird der Druck, wenn Sie bereits erfolglos versucht haben, Ihr Vorhaben umzusetzen. Und das Perfide an dem Stress ist, dass er sich von selbst immer weiter hochschaukelt. Besser gesagt, Sie schaukeln sich immer weiter hoch. Je gestresster Sie sind, desto weniger kommen Sie voran, und je weniger Sie vorankommen, desto größer wird der Druck in Ihnen. Irgendwann haben Sie das Gefühl, nur noch versagen zu können, verzweifeln und geben auf. Das Ganze ist ein Teufelskreis, in den Sie am besten gar nicht erst hineingeraten sollten, und wenn Sie bereits drin sind, müssen Sie da schnell wieder heraus. Aber wie?

Ganz einfach, indem Sie es locker sehen und optimistisch sind. Natürlich sollte Ihnen Ihr Ziel wichtig sein, aber Sie müssen es als etwas Positives sehen. Es ist etwas Gutes, das Sie erreichen können, eine Verbesserung für Ihr Leben. Aber wenn Sie es nicht erreichen, haben Sie nicht weniger als jetzt, und das ist doch immerhin einiges. Es gibt sicher vieles in Ihrem Leben, wofür Sie dankbar sein können. Machen Sie sich das bewusst und sehen Sie die mögliche Veränderung lediglich als schönen Bonus zu allem, was Sie ohnehin schon haben. Des Weiteren ist es wichtig, dass Sie daran glauben, dass Sie Ihr Ziel erreichen können – wann das sein wird, ist nicht wichtig. Es zählt nur, dass Sie irgendwann ankommen werden, und das können Sie aus eigener Kraft. Wie schwierig es ist, wie lange es dauert und wie viele Rückschläge Sie erleben, ist egal. Das ändert nichts daran, dass Sie irgendwann da ankommen werden, wo Sie hinwollen.

Wenn Sie wieder einmal nervös sind, rufen Sie sich diese Erklärungen in Erinnerung und atmen tief durch. Entspannen Sie sich bewusst, setzen Sie sich hin und schließen Sie die Augen oder gehen Sie raus an die frische Luft. Atmen Sie einfach tief und ruhig ein und aus, konzentrieren sich nur auf das Atmen und spüren, wie Sie sich körperlich und geistig entspannen. Machen Sie sich außerdem immer wieder klar: Stress bringt nichts, im Gegenteil, er hält Sie nur auf. Am besten bringen Sie sich also voran, indem Sie die Sache locker angehen, dann haben Sie die meiste Energie und können sich an Ihren kleinen Erfolgen freuen.

Schlüsselfaktor Motivation

Selbst wenn keine der im vorigen Kapitel beschriebenen inneren Blockaden vorliegt, kann es sein, dass Sie immer wieder in Ihre alten Muster verfallen oder gar nicht erst versuchen, daraus auszubrechen. Es scheint Ihnen unergründlich, aber Sie stecken fest, kommen nicht voran, bewegen sich nicht in die richtige Richtung und verharren auf der Stelle. Wie kann das sein, was ist da los? Es fehlt etwas – und zwar die Motivation.

Motivation kommt vom lateinischen Wort *motus*, das „Bewegung" bedeutet. Verwandt ist das deutsche Wort „Motor", und dieser setzt bekanntlich ein Fahrzeug in Bewegung. Ohne Motivation geht nichts voran. Aber woher kommt sie, diese Motivation, was ist das überhaupt und wie kann man es entwickeln? Heißt Motivation nicht einfach nur, etwas zu wollen? Nein, Motivation ist die Gesamtheit der Motive, also der Beweggründe, die einen antreiben, ein Ziel zu erreichen. Das hat nur zum Teil etwas mit dem Willen zu tun.

WILLE VS. MOTIVATION – WO IST DER UNTERSCHIED, UND WAS ZÄHLT MEHR?

Wo ein Wille ist, ist auch ein Weg, heißt es doch, und trotzdem scheint der Wille nicht auszureichen. So haben viele der Personen in den Geschichten im zweiten Kapitel trotz festen Willens bisher ihre Gewohnheiten nicht ablegen können, und wahrscheinlich haben auch Sie sich schon fest vorgenommen, endlich etwas zu ändern, aber sind dann doch wieder in Ihre alten Muster verfallen. Wie kann das sein? Ein starker Wille ist doch eigentlich das, was man allgemein als einen starken Antrieb ansieht.

Wenn man etwas wirklich will, kann man es auch erreichen, wird einem von früher Kindheit an gesagt. Aber so vieles, das man wollte, hat man nicht bekommen. Irgendwie ein deprimierendes Gefühl, oder? Etwas zu wollen und nicht zu erreichen, raubt einem die Motivation, es zieht einen herunter und lässt einen antriebslos in der Situation verharren, in der man ist. Man kann es ja anscheinend nicht ändern, also warum sollte man sich noch anstrengen? Je öfter man scheitert, desto mehr verfestigt sich der Glaubenssatz: „Ich kann meine Ziele nicht erreichen." Und je mehr man das glaubt, desto weniger versucht man es. Der Wille ist trotzdem da, und oft genug macht es einen traurig, verzweifelt und wütend, dass man die Situation (scheinbar) nicht ändern kann.

Ein einfaches Beispiel: Sie wollten als Jugendlicher Meeresbiologe werden und träumten davon, wie es wäre, wenn Sie in diesem Beruf arbeiten würden. Sie wünschten sich nichts sehnlicher. Aber Sie haben es einfach nicht geschafft, sich auf den Schulunterricht zu konzentrieren, und in Ihrer Freizeit haben Sie sich lieber mit Ihren Freunden getroffen, anstatt zu lernen. So kam es, dass Sie nach der zehnten Klasse mit der Mittleren Reife von der Schule abgehen mussten. Aus der Traum vom Meeresbiologiestudium. Sie hingen durch und waren auf sich selbst wütend. Am liebsten wollten Sie gar nichts mehr machen oder die Zeit zurückdrehen, um noch einmal die Chance zu haben, für die Oberstufe zugelassen zu werden.

Aber das ging nun nicht mehr und Ihre Eltern drängten, dass Sie eine Ausbildung beginnen. Sie wollten diese ganzen öden Berufe aber nicht lernen, sondern lieber Meeresbiologe werden. Trotzdem fügten Sie sich dem Wunsch Ihrer Eltern und machten eine Ausbildung als Verkäufer. Nun gehen Sie Tag für Tag zu Ihrer Arbeit in einem Schuhgeschäft, anstatt das Leben der Meere zu erforschen und zu schützen. Sie wollen das nicht, aber Sie sehen keine andere Möglichkeit. Abends schauen Sie sich manchmal im Fernsehen Berichte über das Meer und die Unterwasserwelt an, aber es macht Sie immer traurig und sehnsüchtig. Doch Sie ändern nichts, Sie arbeiten weiter als Verkäufer und gehen lustlos zu Ihrer Arbeit, weil Sie denken, dass Sie es müssen. Wie sollten Sie auch etwas ändern? Die Chance dazu haben Sie ja verpasst, denken Sie, nun müssen Sie damit leben, Ihr Ziel nicht erreichen zu können, obwohl Sie es immer noch so sehr wollen.

Sie sehen: Der Wille allein ist zwar gut, denn ohne ihn ist kein Anstoß vorhanden. Doch er reicht bei Weitem nicht, denn er muss in die Tat umgesetzt werden, und das geht nur mithilfe von Motivation. Wären Sie in dem Beispiel als Jugendlicher motiviert gewesen, hätten Sie gelernt und in der Schule aufgepasst, sodass Sie Ihr Abitur geschafft und Meeresbiologie hätten studieren können. Nach dem Scheitern in der Schule mussten Sie sich ebenfalls nicht in Ihr vermeintliches Schicksal ergeben, sondern hätten Ihr Abitur auf der Abendschule nachholen können, doch dazu hätte es wiederum Motivation gebraucht. Von außen gab Ihnen niemand diese Motivation, also hätten Sie sich allein motivieren und sich Ihren Weg suchen müssen. Das wäre zwar nicht leicht gewesen, aber durchaus möglich, wenn Sie an sich geglaubt hätten. Doch das haben Sie nicht, warum auch immer, und durch den Druck Ihrer Eltern wurde eine andere Art der Motivation gesetzt – das Geld und die Familienharmonie.

Äußere Motivation kann einen also auch in eine andere Richtung führen, als man will. Genauso kann aber auch der Wille ein falsches Signal setzen – zum Beispiel will man gern einfach sein Leben genießen und deshalb manchmal lieber nicht zur Arbeit gehen. In dem Fall behindert der Wille zur Freizeit die Motivation zur Arbeit. Andererseits will man auch Geld verdienen, da man sich einen gewissen Lebensstandard ermöglichen möchte, und vielleicht (im Idealfall) mag man seinen Job sogar. Aber trotzdem schafft man es oft nur schwer, sich dazu aufzuraffen, und möchte am liebsten blaumachen. Auch in dem Beispiel mit der Meeresbiologie gab es diesen Zwiespalt, denn nicht nur dieser Traumberuf wurde gewollt, sondern auch die Freizeit mit den Freunden.

Fazit: Der Wille kann widersprüchlich sein und auch ein starker Wille reicht noch nicht, um zum Erfolg zu führen. Der Wille ist der Grundstein für ein Ziel, er gleicht jedoch nur der Formulierung des Ziels. Wenn Sie sagen „Ich will nach Paris fahren", wissen Sie zwar, wo Sie ankommen wollen, aber nicht, wie Sie dahin gelangen. Um das zu erreichen, was Sie wollen, müssen Sie sich in Bewegung setzen und wissen, auf welche Art Sie ankommen können. Der Wille ist jedoch auch ein Gefühl, und je stärker ein Gefühl ist, desto mehr treibt es einen an. Ein guter Vergleich ist das Gefühl des Bewegungsdrangs – je stärker es ist, desto eher sind Sie geneigt, aufzustehen und sich körperlich zu betätigen. Das bedeutet, je stärker der Wille ist, desto mehr inneren Antrieb haben Sie, sich auf den Weg zu Ihrem Ziel zu machen. Der Weg ist jedoch beschwerlich und dauert lange, und so kommen Ihnen nach Kurzem Zweifel, Sie denken an andere Dinge, die Sie auch noch wollen und die schneller zu erreichen sind, und es gibt diverse äußere Ablenkungen. In Ihnen ist immer noch Ihr Wille, aber trotzdem kommen Sie vom Weg ab, wenn Sie nicht ausreichend Motivation besitzen.

Motivation ist das, was Sie immerzu in Bewegung hält und Sie Ihr Ziel nicht aus den Augen verlieren lässt, egal was kommt und wie schwierig es ist. Auch Motivation ist aber mit Vorsicht zu betrachten, denn eine äußerliche Motivation wie zum Beispiel Geld oder Anerkennung kann ihrerseits eine Ablenkung sein, einen in die Irre führen und dazu bringen, etwas anderes zu tun, als man wirklich will.

Der Wille und die Motivation müssen also in die gleiche Richtung gerichtet sein, wenn man sein Ziel erreichen will.

Hinzu kommt, dass nicht alles, was man will, auch vernünftig ist, und man umgekehrt nicht alles, was vernünftig ist, auch will. Doch eigentlich sollte man in der Lage sein, auch das zu wollen, was vernünftig ist, selbst wenn es vielleicht mit kleinen Einschränkungen verbunden ist. Denn dass es vernünftig ist, heißt, dass es etwas Sinnvolles ist, womit man anderen, der Welt und/oder sich selbst etwas Gutes tut. Nicht zu verwechseln ist diese tatsächliche Vernunft jedoch mit Dingen, die einem nur von anderen als vernünftig oder „normal" eingeredet werden.

Zum Beispiel ist es nicht vernünftig, einen Job auszuüben, in dem man sich nicht wohlfühlt, auch wenn er allgemein gut angesehen ist und viel Geld einbringt. Vernünftig wäre in diesem Beispiel, eine Arbeit zu suchen, die man gern tut und bei der man das Geld verdient, was man für die notwendigen Dinge des Lebens braucht, auch wenn man dann nicht so viel Anerkennung bekommt und sich keinen großen Luxus leisten kann. Die äußere Motivation – Geld und Anerkennung – steht hier wieder dem inneren Willen, sich im Job wohlzufühlen, entgegen. Wer die Situation kennt, der weiß: Über das Gefühl der inneren Unzufriedenheit können die äußeren Anreize auf die Dauer nicht hinwegtäuschen. Sowohl beim eigenen Willen als auch bei den äußeren Verlockungen sollten Sie also immer sorgfältig und selbstständig darüber nachdenken, ob es wirklich etwas Gutes ist und ob Sie damit glücklich werden.

Die Frage ist: Warum schafft man es nicht, Prioritäten zu setzen? Warum verbaut man sich seine eigenen Ziele, erschwert sich das Leben und richtet vielleicht sogar Schaden durch sein Verhalten an? Warum kann man sich nicht für das motivieren, was wirklich zählt? „Weil sich die Denk- und Verhaltensmuster so eingeschlichen haben, man falsche Glaubenssätze hat und sich nicht zutraut, etwas zu verändern", denken Sie jetzt wahrscheinlich, wenn Sie die vorigen Kapitel aufmerksam gelesen haben. Das stimmt zwar, aber nur zum Teil, denn mit Motivation kann man auch die Denk- und Verhaltensmuster verändern und sich zeigen, dass man es schaffen kann. Das Problem ist: Man weiß nicht, wie man sich richtig motivieren soll. Und hinzu kommt noch, dass man die Motivation umso leichter verliert, je schwieriger und langwieriger ein Vorhaben ist.

ARTEN DER MOTIVATION

Soeben erwähnte ich schon das Stichwort „äußere Motivation“. Eine Art, sich zu motivieren bzw. motiviert zu werden, ist tatsächlich die von außen kommende sogenannte extrinsische Motivation. Es handelt sich hierbei um Faktoren wie zum Beispiel Geld, Besitztümer, Waren, Lob, Zuneigung, Ruhm, Versprechungen oder Vergünstigungen. Durch extrinsische Motivatoren erhalten Sie sozusagen eine Gegenleistung für Ihren Einsatz. Wenn Sie zur Arbeit gehen, bekommen Sie Geld und können sich davon beispielsweise Kleidung kaufen, Ihr Haus abbezahlen oder in den Urlaub fahren. Der Faktor Geld ist also gleichzeitig mit mehreren anderen äußeren Motivatoren verbunden. Außerdem bekommt man von vielen Menschen mehr Anerkennung, wenn man Geld und Besitztümer hat, und so schließt sich ein weiterer extrinsischer Motivationsfaktor an. Geld ist daher für viele ein Hauptantrieb. Auch das positive Feedback von anderen Menschen hat für viele einen hohen Stellenwert. Um gelobt, gemocht und bewundert zu werden, verbiegt sich so mancher mehr, als ihm guttut.

Das hört sich bisher nicht so gut an, oder? Sollte Motivation nicht etwas sein, das wirklich positiv ist und am besten noch aus einem selbst kommt? Man könnte anführen, dass nichts Falsches daran ist, mithilfe von extrinsischer Motivation ein Ziel zu erreichen, das man selbst wirklich will. Dagegen ist auch tatsächlich nichts einzuwenden. Wenn Sie sich also zum Beispiel das Rauchen abgewöhnen wollen und sich als Motivationsfaktoren die Ersparnis des Geldes für Zigaretten und das Lob Ihrer Freunde setzen, ist das absolut akzeptabel. Auch, wenn Sie sich für jede nicht gerauchte Zigarette mit einem kleinen Geschenk belohnen, ist das sicher gut für Ihre Motivationshaltung. Gegen extrinsische Motivation für das richtige Ziel ist also erst einmal nichts einzuwenden.

Das Problem an den äußeren Faktoren ist, dass sie sich schnell abnutzen. Bei Belohnungen, was die extrinsischen Motivatoren alle in irgendeiner Form sind, wird kurzfristig das Glückshormon Dopamin freigesetzt, es entsteht also ein vorübergehendes positives Gefühl. Dass dieses motivierend ist, kann man nicht abstreiten. Man will dieses Glücksgefühl wieder haben, also gibt man sich Mühe, sich entsprechend zu verhalten. So weit, so gut. Aber jetzt kommt der Haken: Es wird schon nach Kurzem immer weniger Dopamin ausgeschüttet, denn das, was eigentlich eine besondere Belohnung war, wird als selbstverständlich empfunden. Das

Glücksgefühl wird also weniger und damit nimmt die Motivation wieder ab. Sie müssen dann die Belohnung erhöhen, um sich weiter zu motivieren. In manchen Situationen geht das überhaupt nicht, zum Beispiel bei der Arbeit, denn Sie bekommen nicht in kurzen Abständen Gehaltserhöhungen von Ihrem Chef und auch das Lob wird bei gleicher Arbeit nicht mehr werden. In anderen Fällen, wie zum Beispiel beim Rauchen, könnten Sie zwar selbst Ihre Belohnungen erhöhen, aber lange geht das auch nicht. Eine Möglichkeit wäre, sich immer auf unterschiedliche Arten zu belohnen. Auch für eine ungeliebte Arbeit könnten Sie sich für sich selbst immer neue Belohnungen ausdenken. Und trotzdem kehrt nach kurzer Zeit Langeweile ein, jedenfalls, wenn Sie sich zu oft belohnen. Bei wenigen Belohnungen sind Sie allerdings von vornherein auch weniger motiviert.

Hinzu kommt, dass aus extrinsischer Motivation sogar Druck entstehen kann, der die Motivation nicht fördert, sondern hemmt. Sie denken: „Ich muss das tun (bzw. ich darf das nicht tun), sonst bekomme ich meine Belohnung nicht." Etwas tun zu müssen, ist jedoch keine Motivation, sondern ein Zwang. Und Zwang ist etwas sehr Unschönes, das niemand gern haben will. So widerstrebt es Ihnen auf einmal, auf Ihr Ziel hinzuarbeiten, selbst wenn Sie es eigentlich wollten. Wenn Sie sich von äußeren Faktoren abhängig machen, laufen Sie also Gefahr, sich Ihre eigene Motivation zu rauben.

Doch extrinsische Motivation hat noch einen weiteren Risikofaktor, den ich im vorigen Abschnitt schon erwähnte: Sie kann Sie in die falsche Richtung lenken und Sie von Ihren wahren Zielen abhalten. Das sichere Gehalt kann Sie zum Beispiel in einen Angestelltenjob locken, obwohl Sie eigentlich den Traum hatten, sich selbstständig zu machen, und die Aussicht auf Anerkennung Ihrer Mitmenschen kann Sie dazu verleiten, sich deren Meinung anzupassen und Dinge mitzumachen, die Sie normalerweise nicht tun würden. Äußere Faktoren können insofern sogar dazu führen, dass man Gewohnheiten entwickelt, die man sich lieber abgewöhnen würde bzw. gar nicht erst angewöhnt hätte. Wenn Sie Ihr Ziel kennen und wissen, dass es wirklich *Ihr* Ziel ist, besteht so ein Risiko in aller Regel zwar nicht, doch wenn Sie sich für ein eigenes Ziel von äußeren Aspekten abhängig machen, könnte dadurch die Neigung (oder Gewohnheit) entstehen, grundsätzlich von Geld, Lob oder Ähnlichem abhängig zu sein.

Kurzum: Extrinsische Motivatoren sind nicht schlecht, wenn man sie bewusst und wohldosiert für das richtige Ziel einsetzt, aber sie sind mit Vorsicht zu genießen und haben nur vorübergehend eine wirklich motivierende Wirkung.

Was also tun, um sich richtig zu motivieren? Es gibt zum Glück noch die intrinsische Motivation, das genaue Gegenteil der extrinsischen. Es handelt sich um einen Antrieb, der aus dem eigenen Inneren kommt, ganz ohne äußere Hilfsmittel. Intrinsische Faktoren sind Spaß, Interesse, Gesundheit, innere Zufriedenheit, Selbstverwirklichung und Sinnhaftigkeit. Wenn Sie zum Beispiel einen Job haben, bei dem Sie Ihre Stärken voll ausleben können, die Arbeitsatmosphäre harmonisch ist und Sie etwas Sinnvolles tun, das Ihnen Spaß macht, werden Sie jeden Morgen pünktlich und voller Elan bei der Arbeit sein, weil die Motivation dazu aus Ihnen selbst kommt. Das, was Sie tun, ist ein Teil von Ihnen, denn Sie fühlen sich darin wohl und es entspricht dem, was Sie sich wünschen. Dafür nehmen Sie zum Beispiel auch eine lange Anfahrt zur Arbeitsstelle oder unbequeme Arbeitszeiten in Kauf.

Die intrinsische Motivation kann allerdings wiederum durch die extrinsische Motivation gehemmt werden, und zwar gleich auf zwei Arten. Zum einen kann es sein, dass Sie aufgrund falscher Überzeugungen den äußeren Faktoren mehr Bedeutung beimessen und diese bei der Art der Tätigkeit nicht ausreichend vorhanden sind (zum Beispiel schlechte Bezahlung für interessante Arbeit). Zum anderen ist es möglich, dass sowohl intrinsische als auch extrinsische Motivatoren existieren, aber Sie sich wiederum aufgrund falscher Überzeugungen mehr auf die extrinsischen konzentrieren. Dann kann der schon beschriebene Fall der Abnutzung eintreten, oder Sie machen sich Druck, dass Sie die äußeren Faktoren nicht verlieren dürfen. Der innere Antrieb, der eigentlich dauerhaft bestehen könnte, wird dadurch in den Hintergrund gedrängt und es entsteht eine insgesamt negative Haltung zu der Tätigkeit. Das Problem kann man umgehen, wenn man sich bewusst auf die intrinsischen Faktoren konzentriert und sich immer wieder vor Augen hält, wie viel Positives in der Tätigkeit steckt.

In anderen Fällen, insbesondere wenn es darum geht, sich etwas abzugewöhnen, ist es mit der inneren Motivation allerdings auch nicht so einfach. Welcher innere Antrieb besteht zum Beispiel, nicht die Zigarette aus der Schachtel zu nehmen, nicht das soundsovielte Kleidungsstück zu kaufen oder nicht auf dem Sofa zu sitzen und fernzusehen? Spaß macht es nicht, das nicht zu tun, interessant ist es auch nicht und sich selbst verwirklicht man damit ebenfalls nicht. Bei manchen Gewohnheiten spielt immerhin die Gesundheit eine Rolle, bei anderen die Verantwortung für die Umwelt und für andere Menschen (vergleichbar mit Sinnhaftigkeit) oder die Harmonie im Privatleben (wichtig für die innere Zufriedenheit). Man muss sich jedoch erst einmal überlegen, was man – innerlich – davon hat, wenn man die Gewohnheit ändert. Oft ist das nicht auf den ersten Blick erkennbar.

Schwieriger wird es noch dadurch, dass man meist die positiven Auswirkungen gar nicht unmittelbar spürt. Wenn Sie zum Beispiel morgens nicht in Hektik geraten, macht sich dies zwar unmittelbar in Ihrem Wohlbefinden bemerkbar, da Sie weniger gestresst und abgehetzt sind, in Ruhe frühstücken können und keine Angst haben müssen, Ihren Job zu verlieren. Aber zum Beispiel mit dem Rauchen aufzuhören, sich gesund zu ernähren oder sich mehr zu bewegen, hat erst längerfristig positive Effekte für die Gesundheit, während es in erster Linie zunächst einmal anstrengend ist, und man muss dafür etwas aufgeben, das einem bisher Spaß gemacht hat. Auch, dass man durch sparsamen Umgang mit den Ressourcen oder Verzicht auf das Autofahren die Umwelt schützt, merkt man nicht, und die Freude der benachteiligten Menschen, für die man etwas gespendet hat, erfährt man auch nicht persönlich. Man muss es sich also immer wieder bewusst in Erinnerung rufen, um sich dazu anzustoßen, nicht in die alten Muster zu verfallen. Aber eine besonders motivierende Wirkung merkt man dadurch meist nicht.

Wirklich motivierend wäre es, wenn man einen unmittelbaren Effekt wahrnehmen würde, zum Beispiel die Ausgeglichenheit und Energie, die man spürt, wenn man sich mal nicht wie gewohnt überarbeitet, sondern sich Freizeit gönnt und etwas für sich selbst tut. Hier wird schon deutlich, wo das Problem liegt: Es reicht nicht, etwas *nicht* zu tun, sondern man muss einen aktiven Anreiz haben. Die Zeit und/oder Energie, die sonst auf das gewohnte Handeln ver(sch)wendet wurden, sollten für etwas eingesetzt werden, das der inneren Motivation dient. Es sollte also eine Ersatzhandlung stattfinden, die Spaß macht, die man interessant findet, bei der man sich selbst verwirklicht, einen direkten positiven Effekt für die Gesundheit spürt oder Ähnliches im Sinne der intrinsischen Motivation.

Wenn keine gänzlich andere Handlung durchgeführt werden kann, sondern eine Tätigkeit selbst auf andere Art ausgeführt werden muss und man darin keine Motivation finden kann, bleibt die Möglichkeit, sich während der Handlung durch etwas anderes zu motivieren. Muss man zum Beispiel für eine Prüfung lernen und findet das Thema absolut nicht interessant, kann man beispielsweise an einem Ort lernen, an dem man sich besonders wohlfühlt (im Garten, am Strand, in kuscheligen Decken und Kissen auf dem Sofa), oder während des Lernens die Lieblingsmusik hören oder ein Lieblingsgetränk trinken. Sie können sich aber auch dadurch motivieren, dass Sie im Anschluss an das, was Sie tun müssen, etwas tun, was Sie gern machen. Zum Beispiel treffen Sie sich nach einer bestimmten Zeit konzentrierten Lernens mit Ihren Freunden, oder Sie gehen Ihrem Lieblingshobby nach, nachdem Sie die Wohnung aufgeräumt haben.

Sie belohnen sich also in diesen Fällen auch, jedoch nicht durch eine Äußerlichkeit, sondern durch etwas, das Sie innerlich erfüllt. Dadurch erhöhen Sie Ihre Motivation nachhaltig, denn je positiver, ausgeglichener und energiereicher Sie sind, desto stärker fühlen Sie sich sowohl in seelischer als auch in körperlicher Hinsicht und desto leichter können Sie Ihr Ziel erreichen. Das bedeutet auch: Wenn Sie grundsätzlich, also nicht nur zur Belohnung oder als Ersatzhandlung, positive Energie und innere Balance gewinnen, bekommen Sie eine allgemein motiviertere Grundhaltung. Wie das geht, erfahren Sie im nächsten Abschnitt.

SO MOTIVIEREN SIE SICH RICHTIG!

Fassen wir noch einmal zusammen:

- Ein starker Wille ist eine gute und wichtige Triebfeder, aber zusätzlich müssen Sie sich fortwährend motivieren, um Ihr Ziel zu erreichen. Je länger und schwieriger der Weg ist, desto mehr bzw. stärkere Motivation benötigen Sie.
- Achten Sie darauf, nicht durch äußere Einflüsse von Ihrem Weg abzukommen, bzw. dass das, wozu Sie motiviert sind, wirklich Ihrem eigenen Willen entspricht.
- Die „Hin-zu-Motivation“ funktioniert besser als die „Weg-von-Motivation“, richten Sie Ihren Blick also immer auf ein bestimmtes Ziel und ein aktives, positives Handeln.
- Intrinsische Motivation ist wichtiger als extrinsische, allerdings kann Letztere, in Maßen eingesetzt, einen vorübergehenden zusätzlichen Anstoß geben.
- Positive Energie und innere Balance sind entscheidende Faktoren der intrinsischen Motivation.

Um Ihre Motivation optimal zu fördern, gibt es einige allgemeine Tipps, aber Sie müssen sich auch selbst ein wenig besser kennenlernen und sich eingehend mit Ihrem Vorhaben befassen. Nicht alles wirkt bei jedem gleichermaßen. Probieren Sie die folgenden Strategien aus und finden Sie darunter die, durch die Sie sich am besten motivieren können.

1. Finden Sie Ihre persönlichen Motivatoren.

Dieser Tipp ist unabdingbar für jeden – es gilt, herauszufinden, was für Sie ganz persönlich ein Anreiz ist, ein Vorhaben durchzuziehen. Vielleicht haben Sie schon Erfahrung aus anderen Situationen in Ihrem Leben, bestimmt haben Sie das, denn Sie haben bisher sicher schon Ziele erreicht. Versetzen Sie sich zurück und denken Sie darüber nach, was Sie damals gestärkt und Ihnen Zuversicht gegeben hat. Überlegen Sie sich außerdem, was Ihnen generell Spaß macht, was Sie interessiert, was Ihnen wichtig ist und wobei Sie sich wohlfühlen (mit Ausnahme dessen, was Sie sich abgewöhnen wollen). Denken Sie dann darüber nach, ob es einen Zusammenhang zwischen diesen Dingen und Ihrem Ziel gibt und/oder ob Sie Ihre Motivatoren direkt auf Ihrem Weg dorthin einsetzen können. Selbst wenn beides nicht der Fall ist, sollten Sie die Aspekte trotzdem in Ihr Leben einbeziehen, um Ihre generelle Zufriedenheit zu steigern. Notieren Sie Ihre persönlichen Motivatoren gleich hier:

2. Entdecken Sie Flow-Aktivitäten.

Als Flow-Aktivitäten bezeichnet man aktive Tätigkeiten, in denen man vollkommen aufgeht und alles andere auf der Welt vergisst. Es sind Dinge, die man einfach gern tut, ohne dass man irgendeinen äußeren Anreiz dazu bräuchte. Allein die Beschäftigung an sich ist der Grund, denn man liebt diese Aktivität, fühlt sich darin wohl und vollkommen als man selbst. Mindestens eine solche Beschäftigung sollten Sie regelmäßig ausüben, denn das steigert Ihre positive Energie erheblich. Wenn Sie eine Flow-Aktivität direkt in Ihr Vorhaben integrieren können, ist das umso besser, aber kein Muss. Fällt Ihnen spontan etwas ein, wobei Sie sich im Flow fühlen? Wenn nicht, probieren Sie verschiedene Freizeitaktivitäten aus und entdecken Ihre persönlichen Flow-Aktivitäten. Platz zum Aufschreiben finden Sie gleich hier:

3. Muten Sie sich nicht zu viel zu, aber auch nicht zu wenig.

Um konsequent ein Ziel zu verfolgen und dabei weder den Mut noch die Lust zu verlieren, ist es wichtig, dass Sie sich angemessen herausfordern. Erwarten Sie zu viel von sich, erleben Sie wahrscheinlich schnell Misserfolge und das nimmt Ihnen die Zuversicht und somit den Antrieb, um weiterzumachen. Wenn Sie sich jedoch unterfordern, tritt schnell Langeweile ein und Sie weichen von Ihrem Vorhaben ab, weil es Ihnen nicht spannend genug erscheint. Zudem machen Sie dann sehr geringe Fortschritte, sodass Sie weniger Erfolgserlebnisse haben. Um die Motivation zu erhalten und zu fördern, ist es aber wichtig, dass Sie Fortschritte machen und dass diese auch für Sie wahrnehmbar sind. Daher sollten Sie sich auf dem Weg zu Ihrem Ziel mehrere Zwischenziele setzen und hierfür jeweils eine realistische Zeitspanne bemessen.

4. Sprechen Sie sich selbst Mut zu.

Die Art, wie Sie zu sich selbst sprechen und über sich denken, ist ein wichtiger Faktor, mit dem Sie sich entweder motivieren oder entmutigen können. Die meisten Menschen neigen dazu, mit sich selbst zu schimpfen oder sich sogar zu beleidigen. „Ich bekomme das eh nicht hin", „Ich bin einfach ein Trottel", „Ich vermassel alles" und diverse andere Nettigkeiten wirft man sich tagtäglich selbst an den Kopf und erzeugt damit erheblichen negativen Stress. Allein durch Worte kann die innere Einstellung zum Negativen gewendet werden, man setzt sich unter Druck, zweifelt an sich, fühlt sich schlecht und sackt regelrecht in sich zusammen. Das ist alles andere als motivierend, also sollten Sie es tunlichst sein lassen.

Sprechen Sie positiv mit sich, loben Sie sich, ermutigen Sie sich. Es gibt sicher vieles, das Sie gut machen oder schon erreicht haben, und Sie haben viele Eigenschaften, die Sie auszeichnen. Sehen Sie das Gute an sich und in sich, seien Sie dankbar dafür und machen Sie sich Komplimente. Lächeln Sie sich auch mal im Spiegel an – die Welt ist unfreundlich genug, zumindest Sie selbst sollten sich freundlich angucken. Bauen Sie sich auf, wenn Sie sich nicht gut fühlen, anstatt sich hängen zu lassen. Sagen Sie sich immer wieder, dass Sie Ihr Ziel erreichen, und formulieren Sie dieses dabei eindeutig. Nutzen Sie auch Affirmationen, wie Sie es schon im vorigen Kapitel gelernt haben.

5. Arbeiten Sie regelmäßig auf Ihr Ziel hin.

Sie sollten möglichst jeden Tag etwas tun, das Sie Ihrem Ziel näherbringt. Je kontinuierlicher und disziplinierter Sie an sich arbeiten, desto schneller stellen sich Erfolge ein, was wiederum Ihre Motivation erhöht. Zudem verhindern Sie auf diese Art, dass Sie die Dinge vor sich herschieben und somit eine innere Barriere errichten. Wenn man etwas aufschiebt, wird es nicht leichter, sondern schwerer, da der Druck wächst und das eigentlich gar nicht so schlimme Vorhaben zu einem großen, unüberwindbaren Ungetüm zu werden scheint. Regelmäßige Arbeit an Ihrem

Projekt bzw. an Ihnen selbst fördert folglich die Motivation, weil auf diese Art keine Hemmungen entstehen.

6. Treiben Sie Sport.

Sport, oder auch allgemein körperliche Bewegung, senkt den Stresspegel und fördert die Ausschüttung von Glückshormonen, sodass Sie ausgeglichener und positiver werden. Dadurch gewinnen Sie mehr Zuversicht und Energie, um Ihr Ziel anzugehen. Zusätzlich stärkt Sport das Selbstvertrauen, denn Sie zeigen sich damit, dass Sie etwas leisten können. Dieses Erfolgserlebnis überträgt das Gehirn auf Ihre anderen Lebensbereiche und somit glauben Sie daran, dass Sie Ihr Vorhaben umsetzen können. Dieser Glaube steigert wiederum die Motivation. Außerdem fördert körperliche Bewegung die Gesundheit, sodass die Zufriedenheit wächst und mehr – tatsächliche und gefühlte – Energie da ist, um Ihr Ziel zu verfolgen.

Damit der positive Effekt auch wirklich eintritt, muss es aber ein Sport sein, den Sie gern mögen, der körperlich für Sie geeignet ist und den Sie regelmäßig ausüben können. Erkundigen Sie sich am besten gleich nach Möglichkeiten und probieren Sie verschiedene Sportarten aus, falls Sie nicht ohnehin schon einen Lieblingssport betreiben. Ansonsten muss es jedoch auch nicht unbedingt immer „richtiger" Sport sein, denn das Bewegen an sich hat bereits eine gute Wirkung. Sie können also auch einfach zum Beispiel spazieren gehen, tanzen, sich im Haushalt betätigen oder auf und ab hüpfen.

7. Gehen Sie in die Natur.

Frische Luft, Sonnenlicht und eine natürliche Umgebung verbessern das körperliche und das psychische Wohlbefinden, verleihen Kraft und lassen Sie klarer denken. Unternehmen Sie regelmäßig, mindestens einmal pro Woche, einen kleinen Ausflug in die Natur. Ob Wald, Meer, Wiese oder eine andere Art der Landschaft ist dabei egal, solange Sie sich dort wohlfühlen und nicht so viele andere Menschen dort sind. Die Natur ist ein Ort, an dem Sie sich entspannen, Energie tanken und Zuversicht gewinnen können. Ihre Gedanken kreisen nicht länger sinnlos, sondern werden strukturiert und Sie entwickeln sinnvolle Ideen und Pläne. Lassen Sie die Natur auf sich wirken, saugen Sie ihre Eindrücke in sich auf und nehmen Sie das gute Gefühl mit. Sie werden merken, dass Ihnen danach vieles leichter fällt und nicht mehr so schlimm erscheint.

Wenn Sie einen Garten oder einen Balkon haben, sollten Sie sich diesen zudem so natürlich wie möglich gestalten, um hier Ihren eigenen kleinen Rückzugsort zu haben. Für eine positive Atmosphäre in den vier Wänden sorgen außerdem Zimmerpflanzen – aber bitte nicht das Gießen vergessen.

8. Hören Sie Musik.

Durch Musik bekommen Sie automatisch eine bessere Stimmung, werden lockerer und mutiger, haben mehr Energie und darüber hinaus ein besseres körperliches Befinden. Manche Menschen schwören sogar darauf, beim Lernen oder bei der Arbeit Musik zu hören, weil sie sich dann besser konzentrieren können und schneller vorankommen. Sie sollten so oft wie möglich Musik hören, bewusst und auch im Hintergrund. Einzige Einschränkung: Es muss Musik sein, die Sie gern mögen, denn ansonsten sind Sie genervt und bewirken den gegenteiligen Effekt. Laden Sie sich Ihre Lieblingssongs in eine Playlist oder legen Sie CDs Ihrer Lieblingsbands ein, um Ihre Motivation zu steigern. Singen Sie ruhig auch mit, selbst wenn Sie kein guter Sänger sind, denn Singen wirkt befreiend und stärkend.

9. Tun Sie etwas Sinnvolles.

Sich sinnvoll zu fühlen, verleiht Selbstbewusstsein und macht zufriedener und ausgeglichener, sodass man mehr Energie, Mut und Antrieb für seine Ziele hat. Verantwortung für andere zu übernehmen, sei es Mensch, Tier oder Pflanze, hat eine besonders positive Wirkung, denn zum einen geben Sie sich dadurch das Gefühl, wichtig zu sein, und zum anderen zeigen Sie sich, dass Sie etwas leisten können. Indem Sie etwas für andere tun, gewinnen Sie also Zuversicht, dass Sie auch für sich selbst etwas bewirken können. Die Möglichkeiten dazu sind zahlreich, zum Beispiel können Sie sich ehrenamtlich engagieren, etwas spenden, sich um Ihre Pflanzen oder um Ihr Haustier kümmern, Verwandten oder Freunden helfen. Als sinnvoll nimmt die Psyche aber auch jede Art der Beschäftigung wahr, die einen vernünftigen Zweck hat oder eine Verbesserung bewirkt. Dazu gehört es zum Beispiel auch, wenn Sie Ihre Wohnung aufräumen, ein Möbel- oder ein Kleidungsstück reparieren oder etwas Neues lernen.

10. Schlafen Sie ausreichend.

Wer nicht genug schläft, ist oft unausgeglichen, hat wenig Energie, fühlt sich ungesund und traut sich weniger zu. Sogar Nervosität und Ängste werden durch Schlafmangel gefördert. Im Schlaf sammelt der Körper Kraft, ruht sich aus und verarbeitet die Eindrücke des Tages. Schlaf ist wichtig für die körperliche Gesundheit und für eine gesunde Psyche, aber auch für die Leistungsfähigkeit, die positive Einstellung und die Selbstfindung. Wenn Sie morgens gestärkt und ausgeruht aufwachen, sehen Sie klar, was Sie wollen, und fühlen sich in der Lage, alles Notwendige dafür zu tun. Grundsätzlich wird eine Schlafzeit von sechs bis acht Stunden pro Nacht empfohlen. Finden Sie für sich heraus, was Ihre Wohlfühl-Schlafzeit ist, und gehen Sie rechtzeitig ins Bett, sodass Sie diesen Bedarf decken. Planen Sie dabei auch genug Zeit am Morgen ein, um alles in Ruhe zu erledigen, denn ansonsten ist die Erholung durch die Hektik gleich wieder dahin.

11. Beziehen Sie Ihre Mitmenschen ein.

Gibt es jemanden in Ihrem nahen Umfeld, der das gleiche Ziel hat wie Sie, sollten Sie zusammen darauf hinarbeiten. Sie können sich dann gegenseitig Mut zusprechen und sich anspornen. Dadurch, dass Sie sozusagen im Wettstreit mit der anderen Person stehen, entsteht in Ihnen ein stärkeres Bedürfnis, Ihre Sache gut zu machen. Achtung jedoch: Es darf kein Druck daraus werden, alles soll positiv bleiben. Wenn Sie mit Ihrem Vorhaben allein sind, sollten Sie trotzdem Ihre Liebsten einbeziehen, indem Sie mit ihnen darüber sprechen. Sie erzeugen dadurch für sich selbst ebenfalls das Gefühl einer Art des Wettstreits, denn Sie wollen den anderen zeigen, dass Sie es schaffen. Auch hier darf aber kein Druck entstehen. Beziehen Sie nur Menschen ein, von denen Sie wissen, dass diese Sie respektieren und Ihnen den Rücken stärken. Lassen Sie sich ermutigen, nehmen Sie Ratschläge an und teilen Sie Ihre Erfolge mit Ihren Bezugspersonen. Wenn diese sich für Sie freuen, freuen Sie sich umso mehr und sind umso motivierter, und wenn Sie einen Rückschlag erleben, bauen Ihre Liebsten Sie auf.

12. Belohnen Sie sich.

Wenn Sie ein Etappenziel erreicht haben, sollten Sie sich dafür belohnen, denn die Aussicht der Belohnung erhöht Ihren Antrieb. Steigern Sie sich dabei langsam in der Größe, bis Sie Ihr Gesamtziel erreicht haben, und verwenden Sie unterschiedliche Arten der Belohnung, um den Abnutzungseffekt zu vermeiden. Es können Gegenstände wie zum Beispiel ein Buch oder eine CD sein, ein Restaurantbesuch, eine Fahrt ans Meer oder ein Ausflug in einen Erlebnispark, aber auch (fast) kostenlose Dinge wie ein Picknick im Grünen, ein Spieleabend mit Freunden oder ein Couch-Tag. Es sollte nur nichts sein, das Sie sich sowieso andauernd gönnen oder das Sie sich womöglich abgewöhnen wollen, und es muss natürlich etwas sein, das Sie wirklich gern haben bzw. tun möchten und das nicht zu viel Geld kostet.

Der Weg zum Ziel – Schritt für Schritt Gewohnheiten ändern und Motivation steigern

SCHRITT 1: VERANTWORTUNG FÜR DAS EIGENE LEBEN ÜBERNEHMEN

Veränderungen erfordern Mut, erst recht, wenn es dabei um einen selbst geht. Denn das bedeutet, dass man für sich selbst verantwortlich ist und ganz allein die Fäden in der Hand hält. Man muss raus aus der Opferrolle, in der man sich oft sieht, wenn man Probleme hat, und anerkennen, dass man selbst das eigene Leben lenkt. Sicher haben andere Menschen absichtlich und unabsichtlich daran mitgewirkt, dass Sie falsche Überzeugungen entwickelt und schlechte Gewohnheiten angenommen haben, oder zumindest daran, dass Sie an sich zweifeln.

Aber Sie haben auch zugelassen, sich von fremden Meinungen und diversen Erfahrungen beeinflussen zu lassen. Das ist nun einmal so gewesen, aber jetzt und in Zukunft bestimmen Sie selbst, was Sie denken und wie Sie handeln. Es ist Ihr eigenes Leben, Sie allein tragen die Verantwortung, und das ist gut so. Sagen Sie sich das immer wieder, denn dies zu erkennen, ist der erste wichtige Schritt. Nur wenn Sie verstehen, dass Sie selbst über Ihr Handeln entscheiden, können Sie wirklich daran arbeiten, Ihr Verhalten zu verändern. Und was noch ganz wichtig ist, ist natürlich, dass Sie einsehen, dass Sie etwas ändern müssen – oder besser gesagt, dass Sie es wollen.

SCHRITT 2: ACHTSAMKEIT LERNEN

Auf Ihrem Weg ist es von enormer Bedeutung, dass Sie lernen, Ihr eigenes Verhalten bewusst wahrzunehmen. Wie bereits erklärt, finden Gewohnheiten meist unbewusst statt und die Muster haben sich so tief eingespeichert, dass es schwerfällt, sie zu beeinflussen. Das Problem ist, dass sich die Gewohnheit immer von Neuem trainiert, wenn Sie sie anwenden, sodass Ihr Vorhaben, sie loszuwerden, erschwert wird. Jedes Mal, wenn Sie nicht aufpassen und deshalb in alte Muster verfallen, werfen Sie sich also ein kleines Stückchen zurück. Sind es viele Male, ist das schon ein großes Stückchen. Passiert Ihnen das, dürfen Sie selbstverständlich trotzdem nicht aufgeben, sondern Sie müssen erst recht an sich arbeiten. Aber besser sollten Sie dafür sorgen, dass das gar nicht erst – oder zumindest nicht so häufig – geschieht.

Was Sie dafür benötigen, ist Achtsamkeit. Dieses Wort beschreibt die Fähigkeit, Dinge bewusst wahrzunehmen und verantwortungsvoll zu handeln. Man kann achtsam mit den fünf Sinnen (Sehen, Hören, Riechen, Schmecken, Tasten) die Umgebung wahrnehmen und somit viele schöne Kleinigkeiten entdecken, im Hier und Jetzt leben und mehr Ruhe finden, und man kann darauf achten, mit anderen Menschen, mit der Natur und der Umwelt gut umzugehen. Man kann zudem aber auch bewusst auf die eigenen Gedanken, Gefühle und Verhaltensweisen achten. All das erfordert Konzentration und die Bereitschaft, sich darauf einzulassen. In unserer schnelllebigen, von Medien überfluteten Welt besitzt kaum noch jemand Achtsamkeit, es sei denn, er gibt sich Mühe, sie zu erlernen. Dies geht eigentlich ganz leicht und braucht nicht einmal besondere Vorbereitung. Um sich in Achtsamkeit zu trainieren, sollten Sie mit einfachen Wahrnehmungsübungen anfangen. Lernen Sie zunächst, sich auf eine bestimmte Wahrnehmung genau zu fokussieren.

- Betrachten Sie etwas in Ihrer Umgebung ganz detailliert. Alles in Ihrem Blickfeld ist dazu geeignet, sei es beispielsweise eine Pflanze, ein Käfer, ein Stein, eine Deko-Figur, ein Schuh, Ihre eigene Hand, Ihre Armbanduhr, das Muster bzw. die Struktur des Fußbodens, das Haus gegenüber, die Wolken am Himmel, eine Schranktür, das Cover eines Buches oder irgendetwas anderes, das Sie gerade sehen. Erkunden Sie mit den Augen jede Kleinigkeit, jede Linie, Form, Farbe und Schattierung.

- Mit geschlossenen Augen hingegen sollten Sie hören, riechen, schmecken oder fühlen. Lauschen Sie zum Beispiel vollkommen fokussiert einem Musikstück, konzentrieren Sie sich dabei ganz auf die verschiedenen Klänge und versuchen Sie, die unterschiedlichen Instrumente und gegebenenfalls Stimmen zu identifizieren. Sie können aber auch einfach auf die Umgebungsgeräusche hören und versuchen, herauszufinden, um was für Geräusche es sich handelt und aus welcher Richtung und Entfernung sie jeweils kommen.

- Geruchs- und Geschmackssinn können Sie bei ein und derselben Gelegenheit trainieren, und zwar beim Essen oder Trinken. Riechen Sie zunächst an dem Nahrungsmittel, lassen Sie den Geruch auf sich wirken und beschreiben Sie sich innerlich die Details. Nehmen Sie dann andächtig einen Bissen bzw. Schluck und konzentrieren Sie sich ganz auf den Geschmack, während Sie ihn eine Weile im Mund behalten. Versuchen Sie auch, unterschiedliche Zutaten herauszuschmecken. Essen oder trinken Sie möglichst auf diese Art weiter, wenn Sie dafür ausreichend Zeit haben. Zumindest der Beginn des Essens und Trinkens sollte immer achtsam sein.

- Der Tastsinn wird aktiv, wenn Sie Dinge bewusst mit den Händen berühren. Streichen Sie zum Beispiel über ein Kleidungsstück oder ein Möbel oder nehmen Sie einen kleinen Gegenstand in die Hand, befühlen Sie ihn eingehend und erkennen die Details seiner Form und Oberfläche. Sie können sich aber auch darauf konzentrieren, wie sich die Kleidung, die Sie gerade tragen, oder eine kuschelige Decke auf Ihrem Körper anfühlen, oder wie Sie beim Barfußgehen die Beschaffenheit des Bodens unter Ihren Fußsohlen wahrnehmen. Achten Sie außerdem darauf, welche Bewegungen Sie ausführen, und fühlen Sie, wie Ihre Muskeln arbeiten.

- Das bewusste Atmen ist ebenfalls eine gute Achtsamkeitsübung. Atmen Sie tief, ruhig und gleichmäßig und konzentrieren Sie sich ganz darauf, wie die Luft in Ihren Körper hinein- und wieder aus ihm herausströmt. Abgesehen von der Achtsamkeit ist das auch eine gute Methode zur Beruhigung in Stresssituationen oder zum Einschlafen.

- Eine ideale Möglichkeit, um Achtsamkeit gleich auf mehrere Arten zu üben, ist ein Ausflug in die Natur. Hier gibt es eine nahezu unendliche Vielfalt für Ihre Augen und Ohren, und auch zahlreiche Düfte sind vorhanden. Beim Spazierengehen können Sie den weichen Gras- oder Erdboden fühlen, Ihre Schritte im Sand, Laub oder auch Schnee hören. Mit den Händen können Sie vorsichtig Blätter, Baumstämme oder Steine erkunden. Zusätzlich hat die Natur, wie bereits beschrieben, eine sehr beruhigende und stärkende Wirkung, Sie können klarer denken und im wahrsten Sinne des Wortes durchatmen.

Mithilfe der Übungen lernen Sie, sich auf etwas Bestimmtes zu konzentrieren und von Stress, Grübelei und negativen Gefühlen abzuschalten. Alle

Achtsamkeitsübungen wirken entschleunigend und beruhigend, holen Sie in die Gegenwart und fördern Ihre Zufriedenheit. Zudem erhöhen sie Ihren Respekt vor Kleinigkeiten, sodass Sie dankbarer für vermeintlich Selbstverständliches werden und die Schönheit in Dingen erkennen, die Sie zuvor für unwichtig gehalten oder nicht einmal bemerkt haben. Daher lernen Sie durch Achtsamkeit, die Natur, andere Menschen, sich selbst und alle Dinge zu schätzen und gut damit umzugehen. Liegt Ihre Gewohnheit im negativen Denken oder im achtlosen Umgang mit Menschen oder der Natur, legen Sie sie also zum Teil schon ab, indem Sie Achtsamkeit lernen. Für alle anderen Fälle bietet Achtsamkeit eine gute Voraussetzung, um positive Energie zu sammeln und somit Zuversicht zu gewinnen und die Motivation zu steigern.

Da Sie nun gelernt haben, auf etwas Bestimmtes zu achten, können Sie jetzt den Blick nach innen richten und erkennen, was in Ihnen vorgeht und was Sie tun. Dies ist wichtig für Ihr Vorhaben, denn so bemerken Sie frühzeitig, wenn Sie dazu ansetzen, in Ihre gewohnten Muster zu verfallen, und haben somit bessere Chancen, sich davon abzuhalten. Nehmen Sie sich zur Übung einen Tag Zeit, am besten, wenn Sie freihaben und nicht viel los ist. Achten Sie bewusst auf alles, was Sie tun, denken und fühlen. Seien Sie aufmerksam für sich selbst und notieren Sie alles, was Sie bemerken, möglichst sofort. Das kommt Ihnen am Anfang bestimmt komisch vor und bereitet Ihnen Schwierigkeiten, aber versuchen Sie es einfach, lassen Sie sich auf diese neue Erfahrung ein. Am Abend gehen Sie alles, was Sie aufgeschrieben haben, noch einmal durch und lassen den Tag Revue passieren. Fällt Ihnen vielleicht im Nachhinein etwas ein, das Sie noch nicht notiert haben? Dann schreiben Sie es jetzt dazu. Wenn Ihnen die Übung schwergefallen ist, üben Sie noch mal an einem ebenfalls freien, ruhigen Tag.

Lief es schon ganz gut, steigern Sie die Schwierigkeit, indem Sie die Übung an einem Tag machen, an dem Sie privat etwas unternehmen, sich zum Beispiel mit Freunden treffen oder einen kleinen Ausflug machen. Beobachten Sie sich auch hier den ganzen Tag von morgens bis abends, also nicht nur während der Unternehmung. Anschließend probieren Sie, die Übung an einem Arbeitstag durchzuführen. In den beiden letztgenannten Fällen können Sie sicher nicht immer alles sofort aufschreiben, sollten sich aber zwischendurch ein paar Minuten Zeit dafür nehmen. Indem Sie sich die Dinge merken sollen, müssen Sie wiederum noch achtsamer sein. Überfordern Sie sich aber nicht, sondern schreiben Sie in möglichst kurzen Abständen alles auf. Sie können die Übungstage bei Bedarf natürlich auch wiederholen, wenn Sie noch nicht so gut damit zurechtgekommen sind.

Im Anschluss betrachten Sie Ihre gesammelten Notizen noch einmal. Fallen Ihnen bestimmte Gedanken, Gefühle und Verhaltensweisen auf, die öfter vorgekommen sind? Entdecken Sie gewisse zusammenhängende Muster zwischen Gedanken, Gefühlen und/oder Verhaltensweisen? Oder bemerken Sie, dass Sie in einer bestimmten Situation immer ähnlich denken, fühlen oder handeln? Markieren Sie sich die Auffälligkeiten. Richten Sie Ihre Aufmerksamkeit dann an einem der folgenden Tage auf einen dieser Aspekte und achten Sie während des Tagesverlaufs darauf, ob und wann er wieder auftaucht. An einem anderen Tag probieren Sie dasselbe mit einem anderen Aspekt. Mehr müssen Sie jetzt noch nicht tun, es geht erst einmal nur darum, dass Sie sich Ihrer inneren Vorgänge bewusstwerden und achtsam durch Ihren Alltag gehen.

SCHRITT 3: SCHÄDLICHE UND HINDERLICHE GEWOHNHEITEN ERKENNEN

Da Sie sich dieses Buch gekauft haben, wissen Sie wahrscheinlich schon, dass Sie mindestens eine Gewohnheit haben, die Sie ändern wollen bzw. vielleicht sogar dringend ändern müssen. Aber möglicherweise haben Sie sich dieses Buch auch zugelegt, um grundsätzlich etwas an Ihrem Leben zu verbessern und herauszufinden, welche negativen Gewohnheiten Sie besitzen. In jedem Fall gibt es bestimmt mehrere Verhaltensweisen, mit denen Sie sich selbst, anderen Menschen oder der Umwelt schaden und die Ihnen bisher gar nicht bewusst sind. Auch wenn Sie schon wissen, dass Sie eine bestimmte Gewohnheit ablegen möchten, sollten Sie diesen Schritt daher nicht auslassen.

Nehmen Sie sich für diese Übung mindestens eine Woche Zeit. Außerdem benötigen Sie ein Notizbuch, einen Stift und die Achtsamkeit, die Sie in Schritt 2 gelernt haben. Sie sollen jetzt nämlich erst einmal über sich Buch führen. Achten Sie in jedem Moment Ihres Alltags ganz genau darauf, was Sie tun, und schreiben es sich auf. Wenn Sie nicht direkt die Möglichkeit haben, es zu notieren, merken Sie es sich, bis Sie die Gelegenheit haben. Achten Sie nicht nur auf Ihre Handlungen, sondern auch darauf, was Sie zu anderen Menschen sagen, sowie auf das, was Sie in bestimmten Situationen nicht tun – etwas zu unterlassen, ist ebenfalls ein

Verhalten, und wenn es häufig vorkommt, ist es eine Gewohnheit. Ebenfalls können Gedanken und Gefühle Gewohnheiten sein, zum Beispiel, wenn Sie sich andauernd Sorgen machen oder über die Vergangenheit grübeln. Befragen Sie auch gute Freunde und liebe Familienmitglieder, ob ihnen etwas auffällt, das Sie immer auf die gleiche Art machen. Schreiben Sie diese Erkenntnisse auf einen Extrazettel. Bitten Sie die Personen aber darum, keine Wertung über Ihr Verhalten abzugeben, sondern neutral zu sagen, was sie bemerken. Auch selbst sollten Sie noch nicht bewerten, was Sie aufschreiben. Menschen, die Ihnen nicht nahestehen oder Ihnen nicht wohlgesonnen sind, sollten Sie jedoch nicht befragen, sonst riskieren Sie, durch unzutreffende Kritik auf einen falschen Weg gebracht zu werden.

Nach Ihrer Beobachtungsphase schauen Sie sich Ihre Notizen an. Kreuzen Sie die Verhaltensweisen an, die in Ihrem Buch mehrfach auftauchen. Solche, die besonders häufig sind, markieren Sie noch einmal extra, zum Beispiel mit einer Farbe. Überlegen Sie sich anschließend, welche Auswirkungen die jeweiligen Verhaltensweisen auf Sie, Ihre Mitmenschen und die Umwelt haben. Kommen Sie zu dem Schluss, dass die Effekte rundum positiv oder teils positiv, teils unschädlich sind, markieren Sie das Verhalten mit einem Pluszeichen. Bei negativen bzw. teils negativen, teils neutralen Handlungen schreiben Sie ein Minuszeichen dahinter. Wenn etwas weder positive noch negative Auswirkungen hat, versehen Sie es mit einem Kreissymbol.

Oft wird es aber auch sowohl positive als auch negative Auswirkungen geben – in diesen Fällen benötigen Sie eine Pro- und Contra-Liste. Nehmen Sie sich einen Zettel und machen Sie zwei Spalten, eine mit einem Plus und die andere mit einem Minus darüber, und schreiben Sie die jeweiligen Argumente dort hinein. Zum Beispiel erhöht es Ihr Wohlbefinden, wenn Sie die Heizung hoch aufdrehen, aber durch den Energieverbrauch schadet es der Umwelt und auch Ihrem Geldbeutel, sodass Ihr Wohlbefinden wiederum geschmälert wird. Zudem schadet die trockene Hitze der Heizungsluft Haut und Haaren. Hier hätten wir also auf der Plus-Seite ein Argument, während auf der Minus-Seite drei Argumente stehen. Falls Sie Ihre Heizenergie aus einer umweltfreundlichen Quelle beziehen, sieht es ein wenig anders aus, dann sind es immerhin nur zwei Argumente auf der Minus-Seite (Geld und Heizungsluft). Im Endeffekt heißt es aber so oder so: Die Räume ständig stark zu beheizen, ist eine negative Gewohnheit.

Ein anderes Beispiel wäre, dass Sie im Job immer volle Leistung geben, auch bereitwillig Überstunden machen und darüber Ihr Privatleben vernachlässigen. Einsatzbereitschaft bei der Arbeit ist zwar positiv und führt im Idealfall auch dazu, ein gutes Einkommen zu haben (also ein bis zwei Argumente für die Plus-Seite), aber Sie schädigen dadurch Ihre körperliche und psychische Gesundheit und machen Ihre Angehörigen und Freunde traurig, da Sie für diese kaum noch Zeit haben. Also stehen auf der Minus-Seite zwei Argumente, die sehr stark sind. Bei Ausgeglichenheit der Argumente kommt es darauf an, welche gewichtiger sind. In diesem Fall ist die Gesundheit das Ausschlaggebende – ohne Ihre Gesundheit werden Sie nicht nur unglücklich und gefährden vielleicht sogar Ihr Leben, sondern Sie sind über kurz oder lang auch nicht mehr in der Lage, Ihre Arbeit zu tun. Das bedeutet: Ein Übermaß an Arbeit zulasten der Gesundheit und des Privatlebens gehört auch bei noch so guter Bezahlung zu den negativen Gewohnheiten.

Bei der Abwägung zwischen Negativ und Positiv beachten Sie bitte immer den alten Grundsatz: „Was du nicht willst, das man dir tu, das füg‘ auch keinem anderen zu." Ein Verhalten ist also nur so lange als positiv anzusehen, wie es andere Menschen und die Umwelt nicht beeinträchtigt, es sei denn, es ist für das Wohlergehen (nicht aber den Luxus) von Ihnen oder Ihren Angehörigen notwendig oder der Schaden ist sehr gering. Es ist beispielsweise selbstverständlich etwas Positives, wenn Sie sich etwas zu essen kaufen, auch wenn für die Produktion und den Transport Energie aufgewendet und CO2 ausgestoßen wurden, denn ausreichend Essen ist bekanntlich lebensnotwendig. Negativ wäre es hingegen, wenn Sie (wie Marisa) mehr Nahrungsmittel kaufen würden, als Sie aufessen können, und den Rest in den Müll werfen würden, da dann die Produktion und der Transport sinnlos waren und Sie etwas entsorgen, das andere gern gegessen hätten.

Dies sind nur einige Beispiele von vielen, Sie haben sicher diverse ganz eigene. Gehen Sie alles in Ruhe durch. Sie haben Ihre Gewohnheiten so lange gehabt, da kommt es jetzt auf ein paar Tage auch nicht mehr an und Sie wollen schließlich wirklich herausfinden, was Sie verändern sollten. Wenn Sie alle Verhaltensweisen eingeordnet haben, die Sie selbst notiert haben, nehmen Sie sich den Zettel mit den Beobachtungen Ihrer Freunde und Angehörigen vor. Vielleicht befinden sich dort einige Sachen, die Sie ohnehin schon bei sich selbst entdeckt haben, diese brauchen Sie dann nicht weiter zu beachten. Möglicherweise ist da aber auch etwas, das Sie selbst noch gar nicht an sich bemerkt haben. Verfahren Sie dabei wieder wie zuvor bezüglich Ihrer eigenen Aufzeichnungen beschrieben.

Am Ende übertragen Sie alle Verhaltensweisen aus Ihrem Notizbuch und von dem Zettel Ihrer Bezugspersonen auf ein gesondertes Blatt Papier. Dabei schreiben Sie aber nicht alles ungeordnet auf, sondern überlegen sich vorher eine „Rangordnung". Das heißt: Ordnen Sie die Gewohnheiten nach Priorität. Ganz oben kommt die, die sich aktuell am schädlichsten auswirkt, und ganz zuletzt die, die am unwichtigsten ist. Das war's – jetzt können Sie damit beginnen, die „Nummer eins" auf Ihrer Liste zu bearbeiten.

SCHRITT 4: DAS ZIEL FORMULIEREN – WAS WILL ICH WIRKLICH?

Sie wissen jetzt, welche Gewohnheit Sie ablegen wollen. Bisher steht da aber etwas Negatives, zum Beispiel „Zigaretten rauchen", „überall zu spät kommen", „ständig grübeln" oder „die ganze Freizeit vor dem Fernseher verbringen". Das ist natürlich kein Ziel, sondern das Ziel ist, dies nicht mehr zu tun. Negative Ziele klingen aber nicht gut und wirken sich schlecht auf die Motivationshaltung aus. Sie führen sich damit immer wieder vor Augen, was Sie bisher falsch machen. Selbsterkenntnis ist zwar der erste Schritt zur Besserung, aber Sie haben das Problem ja schon erkannt und nun soll es positiv weitergehen. Ziele wie „nicht mehr grübeln" oder „nicht mehr so viel fernsehen" sind also ungeeignet. Formulieren Sie stattdessen, wohin Sie wollen, was Sie erreichen möchten, und achten Sie dabei auf eine positive und eindeutige Formulierung. Statt „nicht mehr grübeln" könnten Sie beispielsweise „im Hier und Jetzt leben" verwenden, und „nicht mehr so viel fernsehen" können Sie durch „körperlich aktiv sein" ersetzen.

Schreiben Sie sich Ihr Ziel oben auf einen einzelnen Zettel und rahmen Sie es ein. Jetzt denken Sie nach: „Warum will ich das? Welche Vorteile hat es, wenn ich das erreiche?" Berücksichtigen Sie die positiven Auswirkungen für sich selbst, für Ihre Mitmenschen und für die Umwelt. Denken Sie ausgiebig darüber nach und finden Sie mindestens fünf Aspekte, die wiederum positiv und eindeutig formuliert sind. Hängen oder legen Sie sich den Zettel anschließend an einen gut sichtbaren Ort, an dem Sie täglich mehrfach vorbeigehen. Lesen Sie ihn sich morgens und abends sowie bei Bedarf aufmerksam durch, beispielsweise wenn Sie sich unmotiviert fühlen oder in Ihre alten Muster verfallen, und lassen Sie sich gedanklich und gefühlsmäßig auf die Vorstellung ein, dass Sie dieses Ziel erreichen.

SCHRITT 5: INNERE BLOCKADEN AUFLÖSEN

Denken Sie nun darüber nach, welche der möglichen im dritten Kapitel beschriebenen inneren Blockaden Sie daran hindern könnten, Ihr Ziel zu erreichen. Fangen Sie dann direkt an, diese wie erklärt aufzulösen. Wenn es sich um falsche Glaubenssätze handelt, arbeiten Sie an diesen parallel, während Sie bereits die weiteren Schritte gehen, denn dies ist ein längerer Vorgang und geht Hand in Hand mit den nächsten Schritten.

SCHRITT 6: MOTIVATION ERHÖHEN

Jetzt sollten Sie sich überlegen, welche Motivatoren Sie dazu antreiben, Ihr Ziel zu erreichen. Nutzen Sie dafür Ihre Erkenntnisse aus dem vierten Kapitel. Beginnen Sie gleich jetzt, Ihre grundsätzliche Motivationshaltung durch die genannten Strategien zu fördern, und führen Sie dies während Ihres gesamten Weges fort. Bestimmte Faktoren, die mit Ihrem Vorhaben in direktem Zusammenhang stehen, benötigen Sie zudem im nächsten Schritt.

SCHRITT 7: EINEN GUTEN PLAN ENTWICKELN & UMSETZEN

Das Ziel steht fest, nun geht es los – aber wo entlang? Wie ist der Weg? Das müssen Sie nun für Ihr individuelles Vorhaben gut durchdenken. Gehen Sie in sich und überlegen Sie ganz in Ruhe:

- Was müssen Sie tun, um Ihr Vorhaben umzusetzen?
- Was wollen Sie im Detail erreichen?
- Welche Schwierigkeiten könnten sich stellen?
- Benötigen Sie eventuell Unterstützung?
- Gibt es unterschiedliche Wege und wenn ja, welche? Welcher ist der beste?
- Wie lange brauchen Sie, realistisch betrachtet, um Ihr Vorhaben umzusetzen?

Überlegen Sie sorgfältig und schreiben Sie sich alles auf. Gleichzeitig machen Sie sich Gedanken darüber, wie Sie sich die gegebenenfalls erforderliche Unterstützung, etwaige Hilfsmittel, Kenntnisse etc. beschaffen und mögliche Schwierigkeiten überwinden können. Sofern nötig, werden Sie direkt aktiv und gehen an die Umsetzung.

Ganz gleich, welche Gewohnheit Sie sich abgewöhnen müssen, gibt es jedoch zwei Dinge zu beachten: Erstens funktioniert es nicht von einem Tag auf den anderen, sondern Sie müssen sich „umtrainieren", und das geht am besten in einzelnen, kleineren Schritten. Daher sollten Sie nicht nur eine realistische Zeitspanne für Ihr Gesamtziel festlegen, sondern sich bestimmte Etappenziele überlegen und hierfür ebenfalls jeweils eine machbare Frist ansetzen (mehr dazu später in diesem Abschnitt).

Zweitens geht eine Gewohnheit nicht einfach weg und verschwindet im Nichts, sondern sie wird durch ein neues Verhalten ersetzt. Selbst wenn das neue Verhalten darin besteht, das alte nicht mehr zu machen, tun Sie in dem Moment immer noch etwas. Anstatt diverse verschiedene Nahrungsmittel zu kaufen, kaufen Sie nur wenige ausgewählte und lassen den Rest im Kühlregal liegen; anstatt fernzusehen, gehen Sie zum Beispiel spazieren oder treffen sich mit einem Freund; anstatt zu streiten, sprechen Sie ruhig und sachlich miteinander; anstatt über die Maßen für andere da zu sein, nehmen Sie sich Zeit für sich. Irgendetwas tun Sie immer, auch wenn Sie vermeintlich nichts tun. So besteht das Verlernen einer Gewohnheit immer darin, sie durch ein neues Verhalten zu ersetzen. In manchen Fällen ergibt es sich aus der Situation, dass es sich bei dem neuen, positiven Verhalten um das genaue Gegenteil des alten, negativen handelt. Zum Beispiel werfen Sie Ihren Müll nicht mehr einfach in die Gegend, sondern in einen Mülleimer, oder Sie schalten das Licht aus, wenn Sie aus dem Raum gehen, anstatt es angeschaltet zu lassen. Oft gibt es aber mehrere Möglichkeiten, was Sie statt Ihrer alten, unerwünschten Gewohnheit tun können.

Statt mit dem Auto zu fahren, können Sie zum Beispiel zu Fuß gehen, mit dem Fahrrad, auf Inlineskatern oder auf einem Skateboard fahren, oder Sie nehmen bei längeren Wegen Bus oder Bahn. Anstatt shoppen zu gehen, können Sie beispielsweise Sport machen, in die Natur gehen, Freunde treffen, sich um Ihre Garten-, Balkon- oder Zimmerpflanzen kümmern oder Ihren Kleiderschrank ausmisten und alles spenden, was Sie seit Längerem nicht getragen haben. Statt allein zu Hause zu sitzen, können Sie Ihre alten Freunde kontaktieren, Ihre Familie besuchen, auf Veranstaltungen gehen, an einem Gruppenkurs im Sportstudio oder an der Volkshochschule teilnehmen oder sich ehrenamtlich engagieren. Wenn Sie dazu neigen, sich zu überarbeiten, sollten Sie sich Grenzen für Ihre Arbeitszeiten setzen und in Ihrer Freizeit bewusst etwas für sich tun, zum Beispiel Hobbys nachgehen, Unternehmungen machen, ganz in Ruhe die Seele baumeln lassen oder Ihr Zuhause verschönern.

Anstatt Süßes oder Fettiges zu essen, können Sie etwas Gesundes bzw. Nährstoffreiches essen, einen Naturspaziergang machen oder Sport treiben. Wenn Sie zu Wutanfällen neigen, können Sie stattdessen tief und ruhig atmen, an etwas Schönes oder Lustiges denken oder Ihr Adrenalin sinnvoll beim Sport nutzen Um sich das Grübeln abzugewöhnen, können Sie Achtsamkeitsübungen machen, sich aktiv mit etwas beschäftigen, auf das Sie sich konzentrieren müssen, oder ein lustiges Buch lesen.

Das neue Verhalten sollte dem alten auf jeden Fall entgegenstehen, damit sich neue Hirnstrukturen bilden, die möglichst gegensätzlich zu der jeweiligen alten Gewohnheit sind. Das erhöht die Erfolgschancen und verringert die Gefahr, „aus Versehen" in das alte Verhalten abzugleiten. Sie haben aber oft viele Variationsmöglichkeiten, und zwischen diesen sollten Sie auch abwechseln. Denn indem Sie öfters unterschiedliche Dinge tun, vermeiden Sie, gleich in den nächsten Trott zu verfallen – selbst wenn es ein positiver Trott ist, wäre es immer noch ein Trott und Sie wären weiterhin ein Gewohnheitstier. Um eine schädliche Gewohnheit loszuwerden, ist ein neuer, guter Trott zwar immerhin besser als nichts, aber abwechslungsreiches Verhalten ist der bessere Weg. Und zwar aus einem weiteren wichtigen Grund: Durch Abwechslung erhöhen Sie Ihre Motivation, da Sie sich das Ganze spannend erhalten. Sie haben immer mal wieder etwas Neues, auf das Sie sich freuen und mit dem Sie sich auch herausfordern konnen. Es wird nicht langweilig und so haben Sie keinen Grund, Ihr Vorhaben abzubrechen und in alte Muster zu verfallen.

Schreiben Sie sich daher, sofern das bei Ihrer Gewohnheit möglich ist, jetzt eine Liste mit Optionen, was Sie statt dieses Verhaltens tun könnten. Achten Sie dabei natürlich darauf, dass es sich nur um positive Verhaltensweisen handelt und dass die Dinge geeignet sind, um Sie von Ihrer Gewohnheit abzuhalten. Wenn Sie sich zum Beispiel das Rauchen abgewöhnen wollen, ist es wenig hilfreich, wenn

Sie „ins Kino gehen“ auf Ihrer Liste haben, denn so spontan, wie Sie die Zigarette brauchen, kommen Sie in keinen Film und außerdem wäre das dann noch teurer als die Zigaretten. Besser wäre in dem Fall also beispielsweise „Musik hören“, „einen Spaziergang machen“ oder „eine Fitnessübung machen“ (und einiges mehr, das Ihnen sicher selbst einfällt). Außerdem sollte es etwas Sinnvolles und/oder für Sie Interessantes sein, das Ihnen Spaß macht, denn so steigern Sie gleich auch Ihre positive Energie und tragen damit weiter zu Ihrer Motivation bei. Sie können die Liste natürlich auch im Laufe der Zeit erweitern. Falls Sie feststellen, dass eines der Dinge Ihnen nicht guttut oder Sie nicht optimal von dem Drang, Ihrer Gewohnheit nachzugehen, ablenkt, sollten Sie dies vorerst streichen oder einklammern und lieber etwas anderes machen.

Immer, wenn Sie nun in Ihr altes Muster verfallen möchten, tun Sie einfach etwas von den Dingen auf Ihrer Liste. Wenn Ihre Gewohnheit nicht geeignet für dieses Verfahren ist, weil es nur eine Alternative gibt, dann schreiben Sie sich diese Alternative trotzdem auf und achten darauf, so oft wie möglich das Alternativverhalten anzuwenden.

Wie schon gesagt, können Sie aber nicht von sich erwarten, dass es mit dem neuen Verhalten einfach von einem Tag auf den anderen klappt und die alte Gewohnheit plötzlich verschwindet. Die gewohnten Muster sind da und bleiben auch noch eine ganze Weile aktiv. Von jetzt an müssen Sie daher beständig daran arbeiten, sie zu reduzieren, indem Sie so oft wie möglich das neue Verhalten statt des alten anwenden. Zu Anfang wird Ihnen das sehr schwerfallen und auch auf längere Sicht werden Sie immer einmal wieder in Ihre alten Strukturen zurückfallen. Mit der Zeit wird es leichter, wenn Sie darauf achten, konsequent an sich zu arbeiten, aber auch weiterhin erfordert es Ausdauer und Aufmerksamkeit. Wenn Sie sich einfach nur sagen, dass Sie die Gewohnheit ablegen wollen bzw. das Ziel erreichen wollen, werden Sie wahrscheinlich bald entmutigt sein, wenn Sie merken, dass Sie immer noch das alte Verhalten haben. Deshalb ist es wichtig, dass Sie sich Ihre Fortschritte deutlich machen und Etappen für Ihren Weg festlegen.

Nehmen Sie sich dafür als Erstes noch einmal Ihre notierten Selbstbeobachtungen aus Schritt 3 vor. Daran erkennen Sie, wie oft bzw. in welchem Umfang Sie die betreffende Gewohnheit innerhalb einer Woche gezeigt haben, zum Beispiel, wie viele Zigaretten Sie geraucht haben, wie viele Stunden Sie am Computer gesessen haben, wie oft Sie zu spät waren, wie oft Sie grundlos aus der Haut gefahren sind oder wie viele Sachen Sie sich gekauft haben bzw. wie viel Geld Sie dafür ausgegeben haben. Ihr Ziel ist nun, jede Woche das betreffende schädliche Verhalten zu reduzieren und somit gleichzeitig das entsprechende positive, neue Verhalten zu steigern.

Legen Sie sich daher eine Obergrenze fest, wie oft bzw. in welchem Umfang Sie in der kommenden Woche in Ihre alte Gewohnheit verfallen dürfen. Dieses Limit muss natürlich unter dem Ausmaß liegen, das Sie in Ihren Aufzeichnungen aus Schritt 3 sehen. Je nach Art der Gewohnheit kann es auch sinnvoll sein, zusätzlich eine tägliche Grenze festzulegen, zum Beispiel beim Rauchen. Das Limit soll wie gesagt die Obergrenze sein, also das absolute Maximum – weniger muss somit nicht sein, darf aber gern. Wenn Sie also beispielsweise festgelegt haben, dass Sie zehnmal zu spät kommen dürfen, ist es vollkommen in Ordnung, wenn Sie wirklich zehnmal zu spät kommen, aber umso besser, wenn es nur neunmal oder noch weniger ist.

Beim Abnehmen gelten aber andere Regeln, Sie können nicht einfach die Kalorienmenge beliebig reduzieren und Sie müssen dabei insbesondere auch auf eine ausreichende Nährstoffzufuhr achten, da Sie ansonsten gesundheitliche Schäden riskieren. Besser ist es, auf gesunde, ausgewogene Ernährung umzustellen, wobei die Kalorienmenge weiterhin dem normalen Tagesbedarf eines Erwachsenen entsprechen sollte, und lieber Sport zu machen, um Fett zu reduzieren. Das Abnehmen ist jedoch ein ganz spezielles Thema, worüber Sie sich gegebenenfalls ausführlich gesondert informieren und zudem mit Ihrem Arzt sprechen sollten. Dasselbe gilt übrigens auch für Nikotin-, Alkohol- und Drogensucht, Angst- und Zwangsstörungen, Stimmungsschwankungen sowie alles andere, das die körperliche und/oder psychische Gesundheit betrifft.

Besteht Ihre Gewohnheit darin, etwas nicht zu tun, sollten Sie sich hingegen ein Ziel setzen, wie oft bzw. in welchem Ausmaß Sie das Verhalten, das Sie bisher vermeiden, zeigen wollen. Denken Sie zum Beispiel bisher nur an sich selbst, sollten Sie festlegen, dass Sie mehrere Male pro Woche anderen Personen und/oder der Natur helfen. Wenn Sie sich aber zu wenig Zeit für sich nehmen, legen Sie eine bestimmte Anzahl Stunden pro Woche fest, in denen Sie etwas für sich tun. Hier ist die Häufigkeit bzw. der Umfang des zu erlernenden Verhaltens keine Obergrenze, sondern ein Minimum. Wenn Sie also zum Beispiel bestimmen, dass Sie fünfmal anderen helfen wollen, dürfen es auch gern sechsmal oder öfter sein.

In jedem Fall schreiben Sie sich das wöchentliche und gegebenenfalls auch das tägliche Limit auf. Führen Sie dann jeden Tag (auch bei nur wöchentlichem Limit) per Strichliste Buch über Ihr Verhalten. Nutzen Sie am besten ein Notizbuch als „Tagebuch". Wenn Sie ein tägliches Ziel haben und sich an einem Tag nicht daran gehalten haben, macht das nichts, denn Sie können es an den anderen Tagen der Woche wieder ausgleichen. Verfehlen Sie Ihr Wochenziel, ist auch das kein Grund, den Kopf hängen zu lassen oder womöglich aufzugeben. Es ist dann eben passiert, aber es beginnt eine neue Woche und mit ihr eine neue Chance – das heißt, Sie wiederholen dann einfach die Aufgabe wie gehabt. Wenn Sie Ihr Limit eingehalten haben, zeichnen Sie sich zu dem jeweiligen Tag oder der Woche einen lächelnden Smiley.

Legen Sie dann das Limit für die folgende Woche fest, wobei Sie die Grenze weiter absenken (bzw. im anderen Fall Ihr Ziel erhöhen). Von zehnmal zu spät kommen in der vorigen Woche gehen Sie also beispielsweise auf achtmal herunter, von fünfmal helfen auf siebenmal herauf. So verfahren Sie nun von Woche zu Woche weiter, bis Sie Ihr Gesamtziel – die schlechte Gewohnheit loszuwerden – erreicht haben. Die Abstufungen müssen Sie individuell einschätzen. Seien Sie dabei bitte realistisch, denn sonst machen Sie es sich unnötig schwer und erhöhen die Wahrscheinlichkeit von Misserfolgen. Andererseits dürfen Sie sich auch nicht zu wenig zumuten, schließlich wollen Sie ja Fortschritte machen. Gehen Sie am besten zuerst langsam an die Veränderung heran und erhöhen Sie die Anforderungen mit der Zeit immer stärker oder schneller.

Mit jeder erfolgreich absolvierten Etappe steigern Sie Ihre Motivation. Denn mit jedem dieser kleinen Erfolge zeigen Sie sich, dass Sie etwas geschafft haben, können darauf aufbauen und erhöhen Ihren Optimismus, die jeweils nächste Etappe zu bewältigen. Zusätzlich motivieren können Sie sich mit kleinen Belohnungen für erfolgreich absolvierte Etappen.

Wenn Sie Ihr Gesamtziel erreicht haben, also zum Beispiel null Zigaretten in der Woche rauchen, Ihr Wunschgewicht haben, verantwortungsvoll mit den Ressourcen umgehen oder sich ausreichend Freizeit nehmen, haben Sie Ihre negative Gewohnheit erfolgreich besiegt und allen Grund, um stolz auf sich zu sein. Ganz vorbei ist es jedoch noch nicht – siehe dazu Schritt 9. Falls es sich bei Ihrem Vorhaben um so große Pläne wie zum Beispiel eine berufliche Veränderung oder die Erfüllung eines Lebenstraums handelt, bestehen Ihre Etappen darin, etwas

Sinnvolles für dieses Ziel zu tun. Sie müssen sich dann zunächst überlegen, welche verschiedenen Maßnahmen Sie ergreifen müssen, in welcher Abfolge diese zweckmäßig sind und wie viel Zeit Sie für jede Etappe benötigen. Ein Zwischenziel können Sie möglicherweise nicht innerhalb einer Woche erreichen, sondern beispielsweise erst innerhalb eines Monats. Trotzdem müssen Sie sich für jede Woche die Aufgabe stellen, an diesem Zwischenziel zu arbeiten, denn es ist wichtig, kontinuierlich am Ball zu bleiben.

Möchten Sie zum Beispiel den Job wechseln, könnten Ihre ersten Etappen lauten: „1. Überlegen, welche Ansprüche ich an den neuen Job habe. 2. Stellenangebote nach geeigneten Jobs durchsehen; falls nichts Geeignetes dabei ist, nach Firmen schauen, bei denen ich mich initiativ bewerben möchte. 3. Bewerbungen schreiben und abschicken.“ Wenn Sie in Etappe 1 oder 2 jedoch feststellen, dass Ihre bisherigen Qualifikationen nicht für Ihren Wunschjob ausreichen, fügt sich gegebenenfalls die Etappe „notwendige Zusatzqualifikationen erwerben“ ein. Neben dem groben Plan müssen Sie also auch flexibel bleiben und sollten sich am besten schon von Anfang an einen Plan B überlegen. Für jede Etappe setzen Sie sich eine realistische Frist und legen zusätzlich pro Woche fest, was und wie viel Sie tun, um an Ihrem Projekt zu arbeiten. Gleiches gilt für alle anderen großen Ziele, die Sie bisher gewohnt waren, vor sich herzuschieben oder als „Luftschlösser“ abzutun. Packen Sie es an, verwirklichen Sie Ihre Träume. Es mag lange dauern und nicht einfach sein, aber es lohnt sich, denn Selbstverwirklichung ist ein ganz wesentlicher Faktor für echte Zufriedenheit.

SCHRITT 8: SELBSTVERTRAUEN STEIGERN

Während Sie Ihren Plan umsetzen, ist es wichtig, dass Sie Ihr Selbstvertrauen behalten und steigern. Denn ganz gleich, was Sie vorhaben – es kommt einiges an Arbeit auf Sie zu. Selbst wenn es „nur“ darum geht, eine lästige Alltagsangewohnheit loszuwerden, müssen Sie an sich glauben, um das zu schaffen. Das gilt umso mehr, wenn Sie eine Sucht, eine Angst, ein zwanghaftes Verhalten oder einen „Charakterzug“ wie beispielsweise Unpünktlichkeit, Reizbarkeit, Egoismus oder zu viel Aufopferungsbereitschaft überwinden wollen. Besonders schwierig ist es, wenn Sie Ihre Gewohnheit schon lange haben, Ihnen andere Leute eingeredet haben, dass Sie „eben so sind“, oder Sie schon mehrfach versucht haben, sich zu ändern. In jedem

Fall gilt: Ohne dass Sie daran glauben, es schaffen zu können, ist die Wahrscheinlichkeit, dass Sie es schaffen, sehr gering.

Wie aber können Sie lernen, an sich zu glauben und Selbstvertrauen zu entwickeln? Was überhaupt ist eigentlich dieses ominöse Selbstvertrauen, das so oft im Leben so wichtig ist? Wörtlich gesehen bedeutet es, dass Sie Vertrauen in sich selbst haben, also darauf bauen, dass Sie sich immer auf sich verlassen können und alles irgendwie schaffen werden. Es steckt aber auch das Wort „Selbst" darin. Das heißt, Sie müssen sich selbst erst einmal kennen, um Selbst-Vertrauen entwickeln zu können. Mit dem Selbstvertrauen verbunden sind das Selbstwertgefühl und die Selbstwirksamkeitserwartung. Selbstwertgefühl bedeutet, dass Sie verstehen, dass Sie ein wertvoller Mensch sind, egal, welche Eigenschaften Sie haben und in welcher Situation Sie leben. Sie sind immer gleich viel wert, und zwar genauso viel wie jeder andere Mensch.

Leider leidet das Selbstwertgefühl bei den allermeisten von Kindesbeinen an, da man in unserer Gesellschaft ständig danach bewertet wird, wie man aussieht, wie viel Geld und Besitz man hat, wie viel Leistung man bringt und ob man sich so verhält, wie andere es für gut befinden. Mangelnde Selbstentfaltung in der Kindheit, strenge Erziehung, Missachtung, Mobbing in der Schule, Misserfolge im schulischen, privaten und später auch beruflichen Bereich sind nur einige der diversen Faktoren, die das Selbstwertgefühl beschädigen können und es im Laufe der Zeit immer kleiner werden lassen. Dabei ändert sich jedoch der Selbstwert an sich nicht, sondern man verliert das Gefühl, ihn zu besitzen. Es liegt also an einem selbst, egal, was man erlebt hat, sich sein eigenes Selbstwertgefühl wiederaufzubauen.

Dafür ist es wichtig, die eigenen Stärken zu kennen und auszuleben, die eigenen Interessen zu entdecken und sich Freiraum zu nehmen, um diesen nachzugehen, sowie sich ein „dickes Fell" gegen die Bewertungen und Beeinflussungen anderer Menschen zuzulegen. Der letztgenannte Aspekt ist sicher der schwierigste, da der Wunsch nach Anerkennung mehr oder weniger in jedem Menschen steckt. Machbar ist es trotzdem, wenn man konsequent an sich arbeitet und darauf achtet, was man denkt und fühlt und wie man darauf reagiert.

Nichts wert zu sein, bzw. nicht genug wert zu sein, ist in Form verschiedenster Glaubenssätze im Unterbewusstsein vieler Menschen abgespeichert, zum Beispiel „Ich darf nicht meine Meinung sagen, sonst mag mich niemand mehr" oder „Ich muss teure Markenkleidung tragen, sonst werde ich ausgelacht" oder „So, wie ich bin, werde ich niemals einen guten Partner finden". Wie Sie blockierende Glaubenssätze loswerden, wissen Sie schon aus dem dritten Kapitel – beobachten Sie Ihre Gedanken- und Gefühlswelt aufmerksam, schreiben sich Ihre Erkenntnisse auf und identifizieren die Überzeugungen, mit denen Sie sich ständig herabsetzen; dann arbeiten Sie durch Affirmationen daran, die falschen Glaubenssätze durch neue, positive Überzeugungen zu überschreiben.

Um sich gegen negative Fremdbeeinflussung zu schützen, hilft es auch, wenn Sie Ihre Körpersprache ändern: Kopf hoch, Blick geradeaus, Rücken und Schultern gerade, entspannte und gleichzeitig dynamische Haltung beim Sitzen, Stehen oder Gehen. Dazu ein gelassener Blick mit einem leichten Lächeln, fertig ist die selbstbewusste Ausstrahlung. Sie werden sehen, dass Sie sich gleich stärker fühlen, und andere Menschen werden Sie nicht so leicht angreifen, da Sie nicht angreifbar wirken. Üben Sie die selbstbewusste Körpersprache am besten zu Hause vor dem Spiegel oder mit einem guten Freund und achten Sie darauf, sie möglichst immer im Alltag zu zeigen. Wenn Sie trotzdem jemand direkt oder indirekt herabzusetzen versucht, denken Sie sich einfach: „Na und? Ich kenne meinen Wert, egal, was diese Person über mich denkt." Das heißt aber natürlich nicht, dass Sie berechtigte (freundliche) Kritik nicht annehmen sollten.

Nehmen Sie sich außerdem Zeit, um das zu tun, was Ihnen Spaß macht (nur nicht die negativen Gewohnheiten, die Sie loswerden wollen!), üben Sie ein Hobby Ihrer Wahl aus, seien Sie kreativ, gehen Sie in die Natur und treiben Sie Sport. All das stärkt Sie von innen und hilft Ihnen, zu sich selbst zu finden. Darüber hinaus ist es wichtig, dass Sie Ihre Stärken entdecken, also Ihre Fähigkeiten und Eigenschaften, die in irgendeiner Form positiv sind. Jeder Mensch hat Stärken, aber die meisten kennen nur einen Bruchteil davon oder sind sich dessen auch gar nicht bewusst, weil sie sich nicht aktiv mit sich selbst beschäftigen oder eine negative Sicht auf sich haben.

Es gibt ganz bestimmt viele Dinge, die Sie gut können. Sowohl erlernte Fähigkeiten als auch Talente und Eigenschaften wie zum Beispiel Kreativität, Hilfsbereitschaft, Organisationstalent, Teamfähigkeit, Tierliebe, Humor, Fantasie und dergleichen mehr zählen zu den Stärken. Denken Sie darüber nach, was Sie gut können, was Sie gern tun und was Sie in Ihrem Leben schon alles gemacht haben. Beobachten Sie sich wieder im Alltag und fragen Sie Ihre Bezugspersonen, welche

Fähigkeiten, Talente und positiven Eigenschaften diese an Ihnen wahrnehmen. Nehmen Sie sich Zeit für Ihre Selbstentdeckungstour und schreiben Sie alles auf.

Anschließend überlegen Sie sich bei jeder Ihrer notierten Stärken, in welcher Hinsicht diese sich positiv auf Ihr Leben auswirken kann und was Sie damit für sich selbst, für andere und für die Welt bewirken können. Hierfür nehmen Sie bitte ein Notizbuch und widmen jeder Stärke eine Seite. Schreiben Sie die jeweilige Stärke als Überschrift und darunter dann entweder als Text oder als Stichpunkte die positiven Effekte. Überlegen Sie auch, wie Ihnen die jeweilige Stärke möglicherweise bei der Umsetzung Ihres Vorhabens, Ihre negative Gewohnheit loszuwerden, helfen könnte. Vielleicht ist nicht jede Stärke dabei nützlich, aber all Ihre Stärken zeigen Ihnen: Sie sind jemand, Sie können vieles und Sie haben gute Gründe, auf sich selbst vertrauen zu können.

Das bringt mich zur Selbstwirksamkeitserwartung – auch dieses Wort erklärt sich fast von selbst. Es heißt, dass Sie erwarten, dass Sie selbst etwas bewirken können. Dies ist der Schlüsselfaktor, um Ziele zu erreichen, aber auch, um Schwierigkeiten und Krisen zu überwinden und eine gute Lösung zu finden, um das Beste aus allem zu machen. Die Selbstwirksamkeitserwartung verhindert, dass Sie aufgeben oder sich hängen lassen, und gibt Ihnen ein Gefühl von Optimismus. Sie selbst haben es in der Hand, Ihr Leben zu lenken und das zu erreichen, was Sie wollen.

Mit Ihren Stärken haben Sie bereits einen wichtigen Faktor, um Ihre Selbstwirksamkeitserwartung zu steigern. Zusätzlich sollten Sie sich jedoch überlegen, was Sie im Leben schon alles bewerkstelligt haben, und zwar seit Ihrer Kindheit und in allen Bereichen Ihres Lebens. Es gab sicher große und kleine Schwierigkeiten, etliche Herausforderungen und neue Dinge, die Sie gelernt haben. Bestimmt haben Sie anderen Menschen viel geholfen und vielleicht auch schon etwas Gutes für die Natur getan. Notieren Sie sich in einem Notizbuch alles, was Sie für sich und andere erreicht haben, auch wenn es Ihnen noch so banal vorkommt, und seien Sie dabei großzügig.

Gehen Sie Ihr Leben noch einmal vor Ihrem geistigen Auge durch und schreiben Sie Ihre eigene Erfolgsgeschichte. Auch hier können und sollten Sie wieder Ihre Bezugspersonen fragen, woran diese sich noch erinnern. Schon während des Nachdenkens und Schreibens werden Sie merken, dass Sie ein wenig stolz auf sich sind und sich langsam, aber sicher immer stärker fühlen. Ihnen wird klar werden:

Sie haben schon so vieles geschafft und überwunden, dann können Sie ganz bestimmt auch Ihre negativen Gewohnheiten loswerden.

Um Ihre Selbstwirksamkeitserwartung weiter zu fördern, geben Sie sich im Alltag und bei Ihren Freizeitaktivitäten immer wieder Gelegenheiten, Ihre Stärken auszuleben, und fordern Sie sich selbst durch kleine Aufgaben und Projekte heraus. Notieren Sie Ihre Erfolge wiederum oder machen Sie auch Fotos davon, wenn die Art des Vorhabens es zulässt – wenn Sie zum Beispiel die Abstellkammer aufräumen, einen Baum pflanzen oder einem Freund beim Umzug helfen, schreiben Sie das nicht einfach nur auf, sondern machen ein Selfie von sich in der Situation, drucken es aus und kleben es in Ihr Notizbuch. Immer wenn Sie dann mal demotiviert und entmutigt sind, sollten Sie in Ihren Erinnerungen blättern, um sich ins Gedächtnis zu rufen, dass Sie ein starker Mensch sind, der vieles auf die Beine stellen und seine Ziele erreichen kann.

Last but not least bewirken natürlich auch Ihre Etappensiege, wie in Schritt 7 beschrieben, eine Steigerung Ihres Selbstvertrauens und Ihrer Motivation. Sie bauen immer auf einem Erfolg auf, das stärkt Sie und treibt Sie an. Sie zeigen sich selbst, dass Sie es schaffen können, weil Sie schon einen Teil geschafft haben. Mit jeder erfolgreich gemeisterten Etappe wird es leichter, denn Ihr Selbstvertrauen wächst immer mehr.

SCHRITT 9: RÜCKFÄLLE VERHINDERN

Sie sind eigentlich am Ziel, Ihre schädliche Gewohnheit ist weg. Ist sie das wirklich? Nein, nicht ganz. Sie haben sie wahrscheinlich jahrelang oder vielleicht sogar über Jahrzehnte gehabt, sie war Ihnen immer treu und Sie haben sie gepflegt, ohne es zu wissen. Ihre Gewohnheit und Sie waren eine unzertrennliche Einheit. Und Ihre Gewohnheit hat in Ihrem eigenen Gehirn gewohnt. Ist es möglich, dass sie durch ein paar Wochen oder Monate Arbeit, sicher harter Arbeit, von dort verschwunden ist? Sicherlich nicht. Sie ist zwar jetzt ein ganzes Stück schwächer geworden und hat sich in eine kleine Ecke zurückgezogen, aber sie ist immer noch da und wartet darauf, wiederentdeckt zu werden. Ihr neues Verhalten ist zwar jetzt gut trainiert und so aktiv, dass es das alte zurückgedrängt hat, aber das liegt nur daran, dass Sie sich stark darauf konzentrieren.

Wenn Sie nun denken, dass es jetzt ganz selbstverständlich ist, sich so zu verhalten, werden Sie wahrscheinlich bald unachtsam – und das ist dann der Moment, auf den Ihre alte Gewohnheit gewartet hat. Dann kommt sie aus ihrem Versteck und wird wieder aktiv, wenn auch zunächst nur einmal. Vielleicht bemerken Sie dann, dass Sie wieder in Ihr altes Muster verfallen sind und achten wieder mehr auf sich, aber möglicherweise nehmen Sie es auch als herben Rückschlag wahr, nachdem Sie sich so sehr bemüht haben, und fühlen sich niedergeschlagen und entmutigt. In jedem Fall ist es ein Punkt für Ihre alte Gewohnheit, da sie sich durch das Aktivwerden wieder in den Vordergrund gebracht und neue Stärke gewonnen hat. Fühlen Sie sich dadurch schlecht, punktet sie umso mehr, da Sie aus diesem Zustand heraus weniger motiviert sind, weiter an sich zu arbeiten, und ihr somit leichter nachgeben.

Lassen Sie sich auf keinen Fall entmutigen, wenn Ihre alte Gewohnheit wieder aktiv wird. Das ist vollkommen menschlich, denn die Strukturen sind nun einmal noch da und aufgrund ihres langen Bestehens sehr hartnäckig. Wenn die alte Gewohnheit mit starken Gefühlen oder körperlicher Abhängigkeit verbunden ist bzw. war, ist es umso wahrscheinlicher, dass sie auch nach längerer Zeit immer noch mal wieder zum Vorschein kommt.

Um das so gut wie möglich zu verhindern, sollten Sie auch dann, wenn Sie Ihr Ziel erreicht haben und das Gefühl haben, dass Ihr neues Verhalten schon ganz natürlich für Sie ist, weiterhin achtsam durch den Alltag gehen und sich immer wieder bewusst dazu anhalten, das neue Verhalten anzuwenden. Irgendwann wird es wirklich so sein, dass Ihre alte Gewohnheit ganz weg ist, aber wann das sein wird, kann Ihnen niemand vorhersagen. Das ist aber auch nicht schlimm, denn es ist ohnehin gut, sich seiner Gedanken, Gefühle und Verhaltensweisen bewusst zu sein und stets darauf zu achten, dass man nicht in – alte oder neue – schädliche Gewohnheiten verfällt.

Bonus: Flexibel bleiben – frei bleiben! Tipps und Anregungen, wie Sie schädliche Gewohnheiten gar nicht erst entstehen lassen, sich von der Masse abheben & gute Verhaltensweisen entwickeln

Gewohnheiten sind generell nicht gut, denn sie fördern Ängste und innere Zwänge, machen unflexibel und begünstigen sogar die Verkalkung des Gehirns. Denn man fährt sich auf eine bestimmte Spur ein, steigert sich dabei im Fall negativer Gewohnheiten in eine falsche Sicht hinein und wird über kurz oder lang so festgefahren, dass man gar nicht mehr richtig weiß, wie man sich anders verhalten soll. Wenn man sich dann aus einem bestimmten Grund anders verhalten muss, zum Beispiel ohne Auto zur Arbeit kommen muss, obwohl man jahrelang nur mit dem Auto gefahren ist, dann ist man mit etwas völlig Banalem überfordert und gerät in Stress.

Zudem entwickelt das Gehirn bei der Ausübung von Gewohnheiten keine neuartigen Strukturen, sondern ruft immer nur solche ab, die schon vorhanden sind, und baut diese einfach weiter aus, ohne dass man dabei nachdenken muss. Je mehr Gewohnheiten man hat, desto weniger denkt man somit aktiv, was bedeutet, dass man das Denken allmählich verlernt. Etwas Neues zu lernen, fällt dann zunehmend schwerer und man funktioniert nur in starren Mustern.

Um derartige Folgen zu vermeiden, sollte man möglichst wenige Gewohnheiten haben. Da solche sich aber gern von selbst bilden, muss man aktiv gegensteuern, indem man immer wieder absichtlich Dinge anders macht. Gute Gewohnheiten sollte man natürlich beibehalten, jedoch sollte man darauf achten, dass man sie nicht einfach nur automatisch ausführt, sondern sich bewusst dazu entscheidet und, wenn möglich, in den Details der Handlungen variiert. Um das Aufkommen von Gewohnheiten rechtzeitig zu erkennen, ist es hilfreich, ständig achtsam zu sein und bewusst zu überwachen, was man tut und wie man es macht. Sie haben ja sicher noch Ihre Aufzeichnungen aus Schritt 3 des vorigen Kapitels. Darunter befinden sich bestimmt diverse neutrale Alltagsgewohnheiten (die mit dem Kreissymbol). Suchen Sie sich davon einige aus, die Sie ohne große Planung schnell ändern können. Wechseln Sie am besten wöchentlich zwischen verschiedenen Handlungen bzw. Ausführungen. So müssen Sie immer mitdenken und halten sich frei von Alltagstrott und inneren Zwängen.

Nachfolgend habe ich zum Abschluss eine Liste von Anregungen für Sie zusammengestellt, mit denen Sie im Alltag flexibel bleiben, aber auch solche, mit denen Sie sich von der Masse abheben, denn auch gewöhnlich zu sein, ist eine Form der Gewohnheit. Es befinden sich darunter auch verschiedene positive Handlungen, die Sie gern zu einem festen Bestandteil Ihres Alltags machen dürfen. Welche das sind, sollen Sie jedoch für sich selbst herausfinden, daher sind diese sinnvollen mit den humorvollen und alltäglichen Anregungen vermischt. Nehmen Sie sich einen Stift und kreuzen Sie an, was Sie sich – ganz bewusst – zu einer guten Angewohnheit machen wollen.

- Verschiedene Hobbys ausprobieren.
- Abends statt morgens duschen (oder morgens statt abends).
- Bei jedem Wetter rausgehen.
- Ein altes Tastenhandy statt eines Smartphones benutzen.
- Einen Freund oder Verwandten anrufen, bei dem Sie sich lange nicht gemeldet haben.
- Sich eine Clownsnase aufsetzen.
- Zu Weihnachten auf einen Weihnachtsbaum und einen Braten verzichten.
- Kaputte Sachen nicht wegwerfen, sondern reparieren.
- Auf soziale Medien verzichten.
- Bücher lesen, anstatt fernzusehen.
- „Hallo“ zu jemand Fremdem sagen.
- Einfach mal lächeln, auch wenn es keinen Grund dazu gibt.
- Gelassen bleiben und nichts sagen, wenn jemand Sie beleidigt.
- Jemandem spontan Ihre Hilfe anbieten.

- Etwas spenden, anstatt sich etwas Neues zu kaufen.
- Unter freiem Himmel übernachten (natürlich nur bei gutem, warmem Wetter).
- Ehrlich die eigene Meinung sagen.
- Auf einer Party keinen Alkohol trinken.
- Nicht mit der Mode gehen.
- In unterschiedlichen Geschäften einkaufen.
- Einfach mal nicht auf die Uhr sehen (wenn Sie nicht zur Arbeit müssen und auch sonst keinen wichtigen Termin haben).
- Den Wecker zu unterschiedlichen Zeiten stellen.
- Mal nicht in den Spiegel schauen.
- Verschiedenfarbige Socken tragen.
- Unterschiedliche Nahrungsmittel probieren (vorausgesetzt, Sie neigen nicht zu Allergien).
- An neue Orte in den Urlaub fahren – das geht auch mit kleinem Geldbeutel innerhalb Deutschlands.
- Beide Hände abwechselnd benutzen, zum Beispiel, um den Kaffeebecher zu halten, zu essen oder Türen zu öffnen.
- Zu unterschiedlichen Zeiten Sport machen.
- Beim Spazierengehen, Joggen oder Radfahren verschiedene Strecken nehmen.
- Jemandem zuhören, auch wenn Sie gerade eigene Probleme haben.
- Etwas Neues lernen, zum Beispiel eine Sprache, ein Musikinstrument oder einen Sport.
- Sich aus verschiedenen Quellen über das Weltgeschehen informieren.
- Andere fragen, wie es ihnen geht, und sich ehrlich dafür interessieren.
- Nett mit Ihren Zimmerpflanzen reden.
- In Pfützen springen.
- Jemandem in Bus oder Bahn Ihren Sitzplatz anbieten.
- Eine Sandburg bauen.
- Sich einen Tag freinehmen und nur das tun, was Sie wollen.
- Nicht auf die Werbung hereinfallen.
- Anderen respektvoll begegnen, egal, wie sie aussehen und wie viel oder wenig sie besitzen.
- Offen für andere Kulturen sein.

- Jemanden an der Kasse vorlassen.
- Eine Schneeballschlacht machen.
- Unterschiedliche Verkehrsmittel nutzen, um zur Arbeit zu kommen (falls möglich).
- Ihre Morgenroutine ändern.
- Barfuß gehen.
- Neue Leute kennenlernen.
- Einen Baum umarmen.
- Bei Regen ein freundliches Gesicht machen.
- Sich über Kleinigkeiten freuen.
- „Bitte“ und „Danke“ sagen.
- Etwas tun, was Sie sich noch nie oder schon lange nicht mehr getraut haben (aber nur, solange es nicht wirklich gefährlich ist!).
- Ihrem Partner, einem Freund oder Verwandten sagen, wie lieb Sie ihn haben.
- Sich aktiv ehrenamtlich engagieren.
- Entspannt durchatmen, statt in Stress zu verfallen.
- Öfter mal umräumen und aufräumen, auch in den Schränken.
- Nicht zum Friseur gehen.
- Neue Musik anhören.
- Die Sterne am Himmel zählen.
- Den Moment genießen, ohne an gestern oder morgen zu denken.
- Über Ihre Gewohnheiten lachen.
- Einfach mal „Nein“ sagen (natürlich nicht zu einem geliebten Menschen in einer Notlage).
- Dankbar sein für das, was Sie haben, anstatt daran zu denken, was Sie nicht haben.
- Obst oder Gemüse selbst züchten – das geht auch auf dem Balkon!
- Im Stau keine schlechte Laune bekommen.
- Auf Fleisch und Wurst verzichten.
- Einen Pullover selbst stricken (oder zumindest einen Schal).
- Sich über die Herkunft und die Herstellungsbedingungen von Produkten informieren.
- Bei Sturm ans Meer fahren.

- In den Wald gehen und einfach die Eindrücke der Natur auf sich wirken lassen.
- Einer Biene bei ihrer „Arbeit" auf einer Blume zusehen.
- Einem Obdachlosen nicht nur hastig etwas Geld geben, sondern ihm zusätzlich ein Lächeln und ein freundliches Wort schenken.
- Etwas nicht aufschieben, sondern es direkt machen.
- Sich Fehler eingestehen und daraus lernen.
- Sich selbst ein Kompliment machen.
- Nicht alles tun oder glauben, was andere sagen, sondern selbstständig nachdenken und entscheiden.
- Mit Fingerfarben malen.
- Auf dem Boden sitzen.
- Ihre Spielekonsole verschenken und sich stattdessen Gesellschaftsspiele kaufen.
- Tierstimmen nachahmen.
- Auf dem Kinderspielplatz spielen.
- Im Jogginganzug in ein feines Restaurant gehen.
- Ihre Freunde ganz spontan zu einer Party einladen.

Fällt Ihnen noch mehr ein? Dann haben Sie hier die Gelegenheit, es sich zu notieren:

- ______________________________
- ______________________________
- ______________________________
- ______________________________
- ______________________________
- ______________________________
- ______________________________
- ______________________________
- ______________________________
- ______________________________
- ______________________________

Fazit

Ganz frei von negativen oder zumindest seltsamen Gewohnheiten wird kaum ein Mensch jemals sein. Hat man die eine Gewohnheit erfolgreich besiegt, hat sich schon die nächste eingeschlichen. So ist das nun einmal mit dem Gehirn des Gewohnheitstiers Mensch.

Ein paar kleine „Macken“ können ja auch ganz sympathisch wirken, es sollten nur nicht zu viele sein. Vor allem aber sollte man darauf achten, dass eine gewisse Grenze nicht überschritten wird – diese liegt zum einen dort, wo das Verhalten anderen Menschen, der Natur oder dem Klima gegenüber respektlos oder gefährdend ist, und zum anderen an dem Punkt, wo man sich den eigenen Alltag erschwert, sich seine Lebensziele verbaut oder seine Gesundheit aufs Spiel setzt.

Indem Sie von jetzt an weiterhin achtsam bleiben und bewusst durch Ihr Leben gehen, können Sie schnell erkennen, wenn sich negative Gewohnheiten einstellen. Was Sie tun können, um sie wieder loszuwerden, haben Sie in diesem Buch gelernt. Achtsamkeit hilft Ihnen außerdem, zu erkennen, was für Sie im Leben wirklich wichtig ist und welche äußeren Beeinflussungen dazu führen, dass Sie an sich und Ihren Zielen zweifeln.

Selbstzweifel sind eine der schlechtesten Gewohnheiten, denn sie bewirken, dass man weder an sich selbst arbeiten noch etwas Gutes für die Welt tun kann. Motiviert zu sein ist hingegen eine gute Gewohnheit, denn Motivation braucht man immer und überall, sofern man nicht in Stillstand verfallen will. Die Tipps zur Förderung der positiven Energie aus dem Kapitel „Schlüsselfaktor Motivation“ sollten Sie daher zu grundsätzlichen Bestandteilen Ihres Lebens machen.

Hinterfragen Sie stets den Sinn und die Folgen Ihres Verhaltens und seien Sie bereit, an sich zu arbeiten. Und vor allem vergessen Sie nicht: Wo ein Wille ist, ist auch ein Weg, aber Sie müssen sich in Bewegung halten, um ihn zu gehen.

Workbook

Hier haben Sie nun abschließend noch einmal die Möglichkeit, in sich zu gehen, mehr über sich herauszufinden und das Gelernte zu rekapitulieren. Ich wünsche Ihnen viel Spaß beim Ausfüllen und viele Erkenntnisse!

1. Mit welchem Verhalten schaden Sie sich selbst?

a) Auf welche Art verursachen Sie sich privat, beruflich oder gesundheitlich Nachteile?

b) Was können Sie tun, um dieses Verhalten abzustellen?

2. Wie können Sie Ihr Verhalten gegenüber anderen Menschen verbessern?

a) Welche Ihrer Verhaltensweisen schaden Ihren Mitmenschen? Versetzen Sie sich in diese hinein, um die Frage zu beantworten.

b) Welches Verhalten wäre stattdessen angebracht?

3. Wie können Sie Ihr Verhalten gegenüber der Umwelt verbessern?

a) Mit welchem Verhalten schaden oder gefährden Sie Tiere, Pflanzen oder das Klima? Berücksichtigen Sie unmittelbare und mittelbare Auswirkungen.

b) Was können Sie anders machen, um die negativen Auswirkungen zu vermeiden?

4. Welches Verhalten mögen Sie nicht an sich?

a) Von welchen Ihrer Verhaltensweisen sind Sie selbst oft genervt?

b) Wie könnten Sie sich verhalten, um mit sich zufriedener zu sein?

5. Wodurch vergeuden Sie Zeit?

a) Mit welchen eigentlich unnötigen Dingen halten Sie sich häufig lange auf?

b) Warum tun Sie das?

6. Wodurch machen Sie sich selbst das Leben schwer?

a) Welche Ihrer Verhaltensweisen führen regelmäßig zu Problemen?

b) Durch welches Verhalten könnten Sie diese Probleme vermeiden?

7. Welche Projekte haben Sie noch nicht verwirklicht?

a) Was haben Sie sich schon vor längerer Zeit vorgenommen, aber bisher nicht umgesetzt?

b) Warum haben Sie es noch nicht umgesetzt?

8. Welche Alltagshandlungen missfallen Ihnen?

a) Welche alltäglichen Dinge schieben Sie immer wieder vor sich her?

b) Weshalb tun Sie das?

9. Haben Sie eine bestimmte Routine?

a) am Morgen

b) am Abend

c) im Verlauf des Tages

d) Sonstiges

10. Auf welche Art könnten Sie Ihre Routine ändern? Notieren Sie möglichst jeweils mehrere Ideen.

a) am Morgen

b) am Abend

c) im Verlauf des Tages

d) Sonstiges

11. Auf einer Skala von 1 bis 10, wie zufrieden sind Sie mit Ihrem aktuellen Leben? (1 = sehr unzufrieden, 10 = sehr zufrieden)

a) privat

b) beruflich

c) gesundheitlich

12. In welcher Hinsicht sind Sie unzufrieden bzw. was genau würden Sie gern verändern?

a) privat

b) beruflich

c) gesundheitlich

13. Was wünschen Sie sich, wie Ihr Leben in Zukunft aussieht?

a) in 10 Jahren

b) in 20 Jahren

c) in 30 Jahren

14. Wie können Sie Ihre Lebensträume erreichen?

a) Welche Ziele haben Sie für Ihr Leben?

b) Was hindert Sie daran, diese in die Tat umzusetzen?

c) Wie können Sie Ihre Träume wahr werden lassen? Machen Sie ein Brainstorming und kreuzen Sie sich hinterher die Ideen an, die Ihnen umsetzbar erscheinen.

15. Was motiviert Sie?

a) Was ist Ihnen im Leben wichtig?

b) Bei welchen Tätigkeiten fühlen Sie sich richtig wohl und vergessen alles andere?

c) In welchen Situationen können Sie sich komplett entspannen und von allen negativen Gedanken abschalten?

____

____

____

____

____

____

____

____

____

d) Welche Ziele haben Sie in Ihrem bisherigen Leben schon erreicht?

____

____

____

____

____

____

____

____

____

____

e) Welche Schwierigkeiten haben Sie bereits überwunden?

f) Was können Sie besonders gut?

g) Was macht Ihnen Mut?

16. Was haben Sie durch dieses Buch über sich herausgefunden?

Quellen

- Bauer, Joachim: Das Gedächtnis des Körpers: Wie Beziehungen und Lebensstile unsere Gene steuern, Piper, 2015
- Blanke, Elisabeth S./Brose, Annette: Zufriedener durch Achtsamkeit? [https://de.in-mind.org/article/zufriedener-durch-achtsamkeit]
- Clear, James: The Habits Guide: How to Build Good Habits and Break Bad Ones [https://jamesclear.com/habits]
- Clear, James: How to Build a New Habit: This is Your Strategy Guide [https://jamesclear.com/habit-guide]
- Clear, James: How to Break a Bad Habit and Replace It With a Good One [https://jamesclear.com/how-to-break-a-bad-habit]
- Hüther, Gerald: Was wir sind und was wir sein könnten: Ein neurobiologischer Mutmacher, Fischer, 2011
- John Harris: Fitness: Sport gegen Stress & psychische Probleme [https://www.johnharris.at/2017/12/27/sport-gegen-stress-psychische-probleme/]
- Karrierebibel: Motivation: 7 + 5 Tricks, die Sie neu motivieren [https://karrierebibel.de/motivation]
- Stangl, Werner: Motivation [https://lexikon.stangl.eu/337/motivation]
- Kubitz, Eric: Gute Worte, schlechte Worte – und die Botenstoffe [https://www.contentman.de/storyfication/gute-worte-schlechte-worte-und-die-botenstoffe/]

Wir danken Ihnen für Ihr Interesse und Ihr Vertrauen. Als Dankeschön dafür, haben wir eine besondere Überraschung. Wir haben einen **ultimativen Guide, um ein „neuer" Mensch zu werden - Inklusive 30 Tage Challenge, um alte Gewohnheiten abzulegen.** Und diesen erhalten Sie vollkommen kostenlos. Das klingt wunderbar? Dann warten Sie nicht lange und holen Sie sich Ihr Gratis-Geschenk.

Hier geht es zu Ihrem Gratis-Geschenk:

https://forms.gle/mocvT7uQ4qLRyAta8

1. **Öffnen Sie die Kamera-App auf Ihrem Smartphone und richten Sie die Kamera auf den QR-Code.**
2. **Klicken Sie auf den Link, der Ihnen angezeigt wird und schon werden Sie zur Website weitergeleitet.**

Impressum

Herausgeber: Pegoa Global Media GmbH / Am Sandtorkai 27 / 20457 Hamburg
Kontakt: kontakt@pegoamedia.de
Coverbild: Shutterstock

Haftungsausschluss:
Die Nutzung dieses Buches und die Umsetzung der enthaltenen Informationen, Anleitungen und Strategien erfolgt auf eigenes Risiko. Der Autor kann für etwaige Schäden jeglicher Art aus keinem Rechtsgrund eine Haftung übernehmen. Haftungsansprüche gegen den Autor für Schäden materieller oder ideeller Art, die durch die Nutzung oder Nichtnutzung der Informationen bzw. durch die Nutzung fehlerhafter und/oder unvollständiger Informationen verursacht wurden, sind grundsätzlich ausgeschlossen. Rechts- und Schadenersatzansprüche sind daher ausgeschlossen. Dieses Werk wurde sorgfältig erarbeitet und niedergeschrieben. Der Autor übernimmt jedoch keinerlei Gewähr für die Aktualität, Vollständigkeit und Qualität der Informationen. Druckfehler und Falschinformationen können nicht vollständig ausgeschlossen werden. Es kann keine juristische Verantwortung sowie Haftung in irgendeiner Form für fehlerhafte Angaben vom Autor übernommen werden. Die bereitgestellten Analysen, Vorschläge, Ideen, Meinungen, Kommentare und Texte sind ausschließlich zur Information bestimmt und können ein individuelles Beratungsgespräch nicht ersetzen. Alle Informationen dieses Buches entsprechen dem Kenntnisstand zum Zeitpunkt des Verfassens dieses Buches. Eine Haftung für mittelbare und unmittelbare Folgen aus den Informationen dieses Buches ist somit ausgeschlossen.
Informieren Sie sich weitläufig aus unterschiedlichen Quellen und bedenken Sie, dass am Ende nur Sie für die Entscheidungen verantwortlich sind.

Haftung für externe Links:
Unser Angebot enthält Links zu externen Websites Dritter, auf deren Inhalte wir keinen Einfluss haben. Deshalb können wir für diese fremden Inhalte auch keine Gewähr übernehmen. Für die Inhalte der verlinkten Seiten ist stets der jeweilige Anbieter oder Betreiber der Seiten verantwortlich. Die verlinkten Seiten wurden zum Zeitpunkt der Verlinkung auf mögliche Rechtsverstöße überprüft. Rechtswidrige Inhalte waren zum Zeit-punkt der Verlinkung nicht erkennbar.